对本书的赞誉

"这本书写得非常好,将复杂的内容变得易读。如果你对交易充满热情,这是一本必读的书。"

——*Saby Upadhyay*,

White Swan Global Markets CEO

"对于那些对技术分析特别是 K 线图分析感兴趣的人来说,这本书非常有用。本书易于阅读理解。我强烈推荐这本书给初学者和有经验的交易者。"

——*Sattam Al-Sabah*,

OneUp Trader 总裁

"本书提供了大量关于技术分析和 K 线图表的知识。使用 Python 作为讲解的起点,本书可以帮助读者更快地实现和理解内容。"

——*Timothy M. Kipper, Jr.*,

JDTK Investments 创始人

"这是一本全面的指南,介绍了如何使用基于 K 线图模式的信号进行交易,配有详细的指标插图、易于实现的代码,以及关于如何构建自己的系统化交易策略的全面概述。"

——*Ning Wang*,

Barclays 量化投资策略结构师

精通金融数据模式识别

[法] 索菲恩·卡巴尔 (Sofien Kaabar) 著

倪贤豪 吕晓曦 王祎 译

Beijing · Boston · Farnham · Sebastopol · Tokyo

O'Reilly Media, Inc. 授权中国电力出版社出版

CHINA ELECTRIC POWER PRESS

图书在版编目（CIP）数据

精通金融数据模式识别 / （法）索菲恩·卡巴尔

(Sofien Kaabar) 著；倪贤豪，吕晓曦，王祎译 .

北京：中国电力出版社，2025.1. -- ISBN 978-7-5198-

9041-4

I. F830.41

中国国家版本馆 CIP 数据核字第 2024UA9147 号

北京市版权局著作权合同登记 图字：01-2024-1229 号

出版发行：中国电力出版社
地　　址：北京市东城区北京站西街 19 号（邮政编码 100005）
网　　址：http://www.cepp.sgcc.com.cn
责任编辑：刘 炽（liuchi1030@163.com）
责任校对：黄 蓓　王小鹏
装帧设计：Karen Montgomery，张 健
责任印制：杨晓东

印　　刷：北京雁林吉兆印刷有限公司
版　　次：2025 年 1 月第一版
印　　次：2025 年 1 月北京第一次印刷
开　　本：750 毫米 ×980 毫米　16 开本
印　　张：19.25
字　　数：401 千字
印　　数：0001—2500 册
定　　价：98.00 元

O'Reilly Media, Inc.介绍

O'Reilly以"分享创新知识、改变世界"为己任。40多年来我们一直向企业、个人提供成功所必需之技能及思想，激励他们创新并做得更好。

O'Reilly业务的核心是独特的专家及创新者网络，众多专家及创新者通过我们分享知识。我们的在线学习（Online Learning）平台提供独家的直播培训、互动学习、认证体验、图书、视频，等等，使客户更容易获取业务成功所需的专业知识。几十年来O'Reilly图书一直被视为学习开创未来之技术的权威资料。我们所做的一切是为了帮助各领域的专业人士学习最佳实践，发现并塑造科技行业未来的新趋势。

我们的客户渴望做出推动世界前进的创新之举，我们希望能助他们一臂之力。

业界评论

"O'Reilly Radar博客有口皆碑。"

——*Wired*

"O'Reilly凭借一系列非凡想法（真希望当初我也想到了）建立了数百万美元的业务。"

——*Business 2.0*

"O'Reilly Conference是聚集关键思想领袖的绝对典范。"

——*CRN*

"一本O'Reilly的书就代表一个有用、有前途、需要学习的主题。"

——*Irish Times*

"Tim是位特立独行的商人，他不光放眼于最长远、最广阔的领域，并且切实地按照Yogi Berra的建议去做了：'如果你在路上遇到岔路口，那就走小路。'回顾过去，Tim似乎每一次都选择了小路，而且有几次都是一闪即逝的机会，尽管大路也不错。"

——*Linux Journal*

目录

前言

探寻规律是智慧的本质。

———Dennis Prager

随着技术的进步和金融信息的去中心化，编写代码并进行自动化研究已成为交易世界的重要组成部分。任何精通交易和编码艺术的人在市场上都具有极大的优势。众多的工具和理念为我们带来了不计其数的交易技术。例如，基本面交易者通过对经济和局势的分析，对不同类型的资产做出长期评估，而技术交易者则更多地依赖量化分析和心理学概念来预测市场的未来动向。

因此，从总体上讲，存在两种分析类型，基本面分析和技术分析。本书将详细介绍技术分析领域中的一个领域——K 线图模式识别。

为什么要写这本书？

我的整个职业生涯都在研究交易策略、模式，以及金融市场的其他方方面面。我对模式有着很高的热情，更具体来说，就是 K 线图模式。它们在市场中被广泛使用，并取得了不错的效果。这么多年来，我已经发现了一些可与经典模式媲美的 K 线图模式，而这也是我写作本书的初衷：我希望展示 K 线图的所有模式，包括我自己发现的那些。同时，我也希望展示如何编写一个系统，以在各种市场中回测这些模式。

由于其客观性，机器在模式识别和检测上可以比人做得更好。因此，在深挖各类模式和策略之前，我会在本书的前几章中首先展示如何创建一个 K 线图模式识别算法。这意味着你学到的第一个技能将是，如何使用 Python 自动化地导入数据。

金融领域还存在着众多的经典的 K 线图模式，在断定它们的有效性之前，我们都有责任去测试这些模式，以验证它们是否真具有预测性。毕竟我们是在用这些模式去预测市场。我们需要用客观的结果切实地证明这些模式确实是资产的增值器。我们将得到这样的结果并解释它们，就像我多年来对我发现的 K 线图模式所做的那样。我们也将看到每种模式的优点和局限性。

当我们确实发现了某种很好的模式去完成预测任务，就可以将之嵌入已经搭建好的交易框架，这个交易框架已经包含了之前建立的一系列工具和风险管理体系。你将会学习到如何去计算一个技术指标并且将它和 K 线图模式结合起来以建立交易信号。最后，你会学习到如何回测这些信号，如何优化参数并最终得到一个不错的全面的模式识别策略。

因此，这本书的作用是向你展示如何使用你建立的算法去评估不同的 K 线图模式，从而将研究自动化。最终，你将会掌握如何使用模式和其他技术指标来决定你的策略。

目标读者

本书适合有志于学习的学生、学者、充满求知欲的人，以及对 K 线图模式识别及其在金融领域应用感兴趣的金融从业者。如果你不仅喜欢使用 Python，而且对开发策略和技术指标感兴趣，那么你将从这本书中受益。

本书假设你已经具备 Python 编程（资深 Python 使用者会发现代码非常直观）和金融交易的基本背景知识。我采用了清晰而简明的方法，重点讲解关键概念，以便你能够理解每个理念的目的。

排版约定

本书采用以下排版约定。

斜体（Italic）
　　表示新术语、URL、电子邮件地址、文件名和文件扩展名。

等宽字体（Constant Width）
　　表示程序列表，以及在段落内引用程序元素，例如变量、函数名称、数据库、数据类型、环境变量、语句和关键字。

粗体等宽字体（Constant width bold）
　　表示应由用户应按字面输入的命令或其他文本。

斜体等宽字体（Constant width italic）
　　表示应该替换成用户提供值的文本，或者由上下文决定的值。

 表示提示或建议。

 表示一般性说明。

 表示警告或提醒。

使用代码示例

补充材料（代码示例，练习等）可在以下链接下载：*https://github.com/sofienkaabar/mastering-financial-pattern-recognition*。

与本书相关的技术问题，或者在使用代码示例上有疑问，请发电子邮件到 *errata@oreilly.com.cn*。

这本书旨在帮助你完成工作。一般来说，如果这本书提供了示例代码，你可以在你的程序和文档中使用它。除非你要复制大部分的代码，否则你无需联系我们获得许可。例如，编写一个使用了本书中几段代码的程序并不需要获得许可。出售或分发来自 O'Reilly 书籍的示例则需要获得许可。通过引用这本书和引用示例代码来回答问题并不需要获得许可。将这本书中大量的示例代码整合到你的产品文档中则需要获得许可。

我们很希望但并不强制要求你在引用本书内容时加上引用说明。引用说明一般包括书名、作者、出版社和 ISBN，例如："*Mastering Financial Pattern Recognition* by Sofien Kaabar (O'Reilly). Copyright 2023 Sofien Kaabar, 978-1-098-12047-4"。

如果你觉得自己对示例代码的使用超出了上述许可范围，请通过 *permissions@oreilly.com* 与我们联系。

O'Reilly 在线学习平台（O'Reilly Online Learning）

O'REILLY® 近 40 年来，O'Reilly Media 致力于提供技术和商业培训、知识和卓越见解，来帮助众多公司取得成功。

我们拥有独一无二的专家和革新者组成的庞大网络，他们通过图书、文章、会议和我们的在线学习平台分享他们的知识和经验。O'Reilly 的在线学习平台允许你按需访问现场培训课程、深入的学习路径、交互式编程环境，以及 O'Reilly 和 200 多家其他出版商提供的大量文本和视频资源。有关的更多信息，请访问 *http://oreilly.com*。

联系我们

任何有关本书的意见或疑问,请按照以下地址联系出版社。

美国:

O'Reilly Media, Inc.
1005 Gravenstein Highway North
Sebastopol, CA 95472

中国:

北京市西城区西直门南大街2号成铭大厦C座807室(100035)
奥莱利技术咨询(北京)有限公司

我们为这本书设有一个网页,其中列出了勘误表,示例,以及任何额外的信息。你可以通过 *https://oreil.ly/mstrg-finan-pttrn-recog* 来访问这个页面。

对本书的评论或技术疑问,可以发电子邮件到 *errata@oreilly.com.cn*。

欲了解本社图书和课程的新闻和信息,请访问我们的网站 *http://oreilly.com*。

我们的 LinkedIn:*https://linkedin.com/company/oreilly-media*。

我们的 Twitter:*https://twitter.com/oreillymedia*。

我们的 YouTube:*https://youtube.com/oreillymedia*。

致谢

我由衷地感谢我的父母对这本书直接和间接的帮助,如果没有他们的支持,一切都将截然不同。我还想说的是,我同样感谢我的妻子 Charline,她总能理解我时常写作到深夜,没有她的耐心就没有这本书的成功。我对她充满敬意。

我同样要感谢我的编辑 Michelle Smith 和 Corbin Collins，以及我的产品编辑 Elizabeth Faerm，感谢他们的支持，感谢他们的工作以及超越常人的耐心。同样地，我感谢 O'Reilly 出版社的每一位员工。

此外，我特别感谢优秀的技术评审 Ning Wang，Timothy Kipper 和 Kushan Vora，感谢他们为本书所作的巨大贡献。他们在使这本书变得易读、有用和直观方面起到了重要作用。他们是本书最好的评审。

最后，我深深地感激你——本书的读者，你们愿意花时间来阅读我的书并且相信我的研究，我希望你们从中获益。

## 第 1 章

使用 Python 导入和
处理金融数据

本章将会为你在之后的章节使用代码分析金融数据打下基础。在正式开始之前，我们需要一点准备工作，比如下载合适的软件、创建可以自动拉取历史数据的算法。

在学习完本章后，你将掌握如何用 Python 自动导入历史金融数据，这会帮你节省不少时间。那让我们开始吧。

1.1 环境安装

第一步是准备环境和能使算法成功运行的必要组件。为此，你需要两个软件：

- 用于编写和执行代码的 Python 解释器。

- 用作数据库的图表和财务软件。

让我们先从安装 Python 解释器开始，我通常使用一款叫 SPYDER 的软件。不少人可能更习惯使用 Jupyter 和 Pycharm，但是它们的安装步骤都是相同的。你可以从下面这个网站下载 SPYDER (*https://www.spyder-ide.org*)，或者更好的方式是直接下载软件 Anaconda(*https://oreil.ly/nI8Ed*)，SPYDER 本身就是 Anaconda 的一部分，使用 Anaconda 将会大大简化安装步骤并提供很多 Python 工具。Anaconda 本身也是一个开源且免费使用的软件。

SPYDER 的操作界面主要分为三个窗口，如图 1-1 所示。左边的窗口主要用于编写并运行代码（即运行算法并应用代码）。通常，你会在这个区域看到多行代码。右上方的窗口是变量浏览器。当这个变量被存储下来时，我们可以在变量浏览器中查看这个变量的具体值。右下角的窗口是显示代码运行结果的控制台，我们可以在这里查看程序是否运行成功并查看结果。

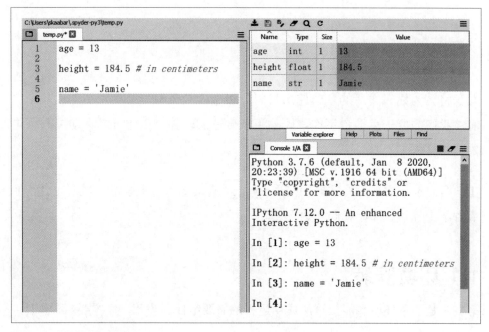

图 1-1：SPYDER 界面

在代码中，你可以定义并使用下列几种数据类型：

Integer

整数可以是正数或者负数，例如 −8 和 745。它们的取值区间是 −2147483648~2147483647。任何在这个区间以外的整数属于另一种数据类型 Long。Integer 和 Long 这两种数据类型的区别在于它们占用的内存空间。Integer 占据 32 个 bit，Long 占据 64 个 bit。

Float

带有小数点的实数，例如 18.54 和 311.52。

String

存储在变量中的文字。更科学地说，它们是一组结构化的字符（文本）。在 Python 中，你需要将文本用单引号或者双引号括起来以表示字符串（String）。

在图 1-1 的第一行代码中，我们已经定义了一个变量 age，并将它的值设置为 13。当你运行这行代码时，你可以在变量浏览器中看到变量 age 被创建出来，其类型是 int(integer)。在第三行代码中，我们运行代码，定义了变量 height 并把它的值设置为 184.50（因此，这个变量是浮点数类型）。

请注意，在定义变量的代码边上，我们写下了一行以 # 号作为前缀的短语。这种类型的短语也被称作注释。注释对于 Python 代码的可解释性非常重要。因此，任何以 # 号作为前缀的语句都不会被执行。在变量浏览器中，你可以看到浮点数类型的变量 height。第五行代码定义了一个字符串，在变量浏览器中，被显示为 str 类型 (string)。在控制台中，你可以看到代码已经被成功运行因为没有任何报错，而报错信息会被显示为红色。

环境准备的下一步是安装图表软件，这样我们就可以将历史数据导入 SPYDER。在本书中我们将使用 Meta-Trader 5，这是一款在全球交易者中都十分流行的软件。请按照顺序执行以下步骤：

1. 下载 SPYDER 并熟悉如何使用它。

2. 下载软件 MetaTrader 5。

3. 使用 MetaTrader 5 从 SPYDER 导入历史价格。

从官方网站（*https://www.metatrader5.com/en*）下载并安装 MetaTrader 5。你首先需要一个人演示账号，这是一个带有虚拟资金的虚拟账户。演示这个词并不代表这个账户使用时长有限，而是指这个账户中的资金并不是真实的资金。

要开设一个账户，选择文件→开设一个账户，选择 MetaQuotes Software Corp，并点击下一步，选择第一个选项以开设一个演示账户。通过这个账户，我们可以交易虚拟资金。最后，填写一些基本的信息比如姓名、邮箱和账户类型。你不会收到任何验证请求或者任何类型的确认信息，演示会直接启动，然后我们就可以看到图表了。

图 1-2 展示了 MetaTrader 5 平台的界面。默认情况下，MetaTrader 5 并不会显示所有它涵盖的市场，如果需要的话，你需要将它们设置为导入可见和可视化可见。点击查看→市场观察，然后在新标签页中右键单击任意一个符号，选择全部显示。这样一来，你就能看到一个包含了更多市场的扩展列表。

图 1-2：MetaTrader 的界面

1.2 创建数据导入算法

能够自动调用任意一个时间段的历史数据可帮助我们节省大量时间，这使得我们可以更多地关注在研究和分析上，而非在获取和清洗数据上浪费时间。让我们先创建一些能够瞬间导入选定资产的历史数据的函数。

在开始写代码之前，你首先需要安装 MetaTrader5 的 Python 集成库，接下来，我们就可以在 SPYDER 中使用 MetaTrader5。完成这件事很简单，只需要一步。打开 Anaconda 提示窗口，并且输入 pip install Metatrader5，如图 1-3 所示。

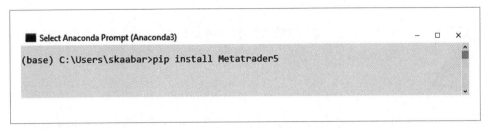

图 1-3：Anaconda 提示窗口，显示着安装 MetaTrader5 库的命令

安装是一座桥梁，让你可以在 Python 解释器中使用专门为 MetaTrader5 设计的 Python 库。

下面的这段代码片段使用了 Python 内置的 import 声明，这些声明将调用内部（用户自己创建的）或者外部（由第三方提供）的库。库是一系列函数的集合，因此，我们需要导入那些和我们想做的事相关的库。出于演示的目的，这里我们导入下列模块，包和库：

```python
import datetime
import pytz
import pandas as pd
import MetaTrader5 as mt5
import numpy as np
```

datetime 模块提供了操作日期和时间的模块，pytz 库提供了跨平台的时区计算，这是导入数据所必需的，pandas 和 numpy 则用于数据的操作和分析。

我们主要使用 numpy 做大多数的计算和数据操作。

MetaTrader5 Python 库导入了与 MetaTrader5 软件相关的函数，它是你能够导入历史金融数据的关键。

请注意，最后三行代码包含了 as 声明。当你希望给你用的库取一个别名，缩短库名长度时，你可以用 as。换句话说，从 as 声明之后，Python 会把 mt5 识别为 MetaTrader 库。

模块是包含了一系列功能和变量的多个文件的集合。包是多个模块的集合，一个包必需包含一个 *init.py* 文件。库是多个包的集合。

执行 import 语句意味着 Python 会识别出在这个包／模块中包含的所有函数，并且允许你在接下来的代码中使用它们。当你打开一段新的 Python 会话，你需要重新去运行这些 import 语句，这就是为什么 import 语句总是被放在一段代码的开头。

下一步是创建一系列时间框架变量，虽然这里我只会向你展示如何分析和回测每小时的数据，但是你可以像下面的代码段一样定义更多的时间框架变量。

```
frame_M15 = mt5.TIMEFRAME_M15 #15 分钟
frameframe_M30 = mt5.TIMEFRAME_M30 #30 分钟时间框架
frame_H1 = mt5.TIMEFRAME_H1 # 小时时间框架
frame_H4 = mt5.TIMEFRAME_H4 #4 小时时间框架
frame_D1 = mt5.TIMEFRAME_D1 # 天时间框架
frame_W1 = mt5.TIMEFRAME_W1 # 周时间框架
frame_M1 = mt5.TIMEFRAME_MN1 # 月时间框架
```

时间框架是你记录价格的频率。如果是每小时记录一次价格，你可以记录每个小时最后一刻的价格。这意味着一天之中，你最多可以记录 24 个小时的价格。你可以了解这个价格的日内变化。然而，每个时间段最后一刻的价格只是许多你想要导入的因素之一。在一个时间周期内（不论是每小时还是每天）。你可能会看到下面这些价格：

- 一个时间段的第一个价格，称为开盘价。

- 一个时间段的最高价格，称为最高价。

- 一个时间段的最低价格，称为最低价。

- 下一个时间段开始前的最后一个价格，称为收盘价。

它们一起被称为 OHLC[注1]，这是按照它们的英文首字母排序得到的名称。

下面这行代码定义了当前时间，这样一来我们的算法就知道数据是什么时候被导入的。通常，我们会用一个变量存储当前时间和日期。

```
now=datetime.datetime.now()
```

现在让我们继续去定义那些你想要回测的资产相关的变量。这里我定义了四种资产类别：货币，加密货币，商品和股票指数。

- 货币（也被称为外汇，是外汇市场的缩写）占据了金融市场最大的日交易份额。货币是以相对的方式报价的，这也意味着你没法通过绝对的方式购买美元，你必须用另一种货币去购买美元。因此，欧元兑美元（EURUSD）表示购买一欧元（EUR）需要多少美元（USD）。货币相关的回测变量包含了欧元兑美元（EURUSD），美元兑瑞郎（USDCHF），英镑兑美元（GBPUSD）和美元兑加拿大元（USDCAD）。

> USD 是美元的缩写，EUR 是欧元的缩写，CHF 是瑞士克朗的缩写，GBP 是英镑的缩写，CAD 是加拿大元的缩写。

注 1：OHLC 是 *open*，*high*，*low* 和 *close* 的缩写。

- 加密货币是一种新兴的，颠覆性的资产类别，它有着波动性极大的特点。当今最有名的加密货币是比特币，其次是以太坊。这两种加密货币都用美元来计价，因此它们被表示为 BTCUSD 和 ETHUSD。

- 大宗商品是诸如黄金，白银和铜等的实物资产。这类资产被划分了许多类别，如能源（原油，布伦特原油等）和工业金属（铜，锌等）。在这些资产中，我个人更关注黄金和白银。

- 股票指数是对一个国家的一揽子股票的加权计算。它们被用来分析一个国家的整体股市健康状况。在这本书中，我会介绍标准普尔 500 指数——美国股票的代表，以及英国富时 100 指数——英国股票的代表。

```python
assets = ['EURUSD', 'USDCHF', 'GBPUSD', 'USDCAD', 'BTCUSD',
          'ETHUSD', 'XAUUSD', 'XAGUSD', 'SP500m', 'UK100']
```

现在你已经准备好了你的时间和资产变量，你需要做的就是创建起整个数据导入算法的架构，而下面的 get_quotes() 函数就是在做这件事。

```python
def get_quotes(time_frame, year = 2005, month = 1, day = 1,
               asset = "EURUSD"):

    if not mt5.initialize():

        print("initialize() failed, error code =", mt5.last_error())

        quit()

    timezone = pytz.timezone("Europe/Paris")

    time_from = datetime.datetime(year, month, day, tzinfo = timezone)

    time_to = datetime.datetime.now(timezone) + datetime.timedelta(days=1)

    rates = mt5.copy_rates_range(asset, time_frame, time_from, time_to)

    rates_frame = pd.DataFrame(rates)

    return rates_frame
```

请注意，在 get_quotes() 函数中，你最终使用的是 pytz 和 pandas 库。这个函数在一开始将时区指定为奥尔森时区，当然，你也可以定义自己的时区。以下简单罗列了一些时区，你可以根据自己所在的时区来决定使用哪个。

```
America/New_York
Europe/London
Europe/Paris
Asia/Tokyo
Australia/Sydney
```

在定义好时区后，我定义了两个变量：time_from 和 time_to。

- time_from 定义了需要导入数据的起始时间（如 01-01-2020）。

- time_to 定义了需要导入数据的截止时间（如 12-31-2020）。

下一步是定义一个变量 rate，然后导入刚刚指定的时间区间的金融数据。这是通过使用 mt5.copy_rates_range 函数完成的。最后，使用 pandas 将刚刚得到的金融数据 (rates) 转化为数据帧。

在本书中，你更多处理的是数组而非数据帧，虽然如此，get_quotes 函数首先是通过数据帧的方式将数据导入，这主要是出于数据兼容性方面的考虑，在这之后，你会把数据帧转换为数组。在任何时候，数据帧和数组的主要区别在于，它们所能包含的数据的数据类型不同，而且它们的坐标轴的结构也不同。

数据导入过程所需的最后一个函数是 mass_import 函数。这个函数容许你使用定义好的时间帧并且使用 get_quotes 函数导入数据并将数据转换为数组。下面一段代码定义了 mass_import 函数。

```
def mass_import(asset, time_frame):

    if time_frame == 'H1':
        data = get_quotes(frame_H1, 2013, 1, 1, asset = assets[asset])
        data = data.iloc[:, 1:5].values
```

```
        data = data.round(decimals = 5)

    if time_frame == 'D1':
        data = get_quotes(frame_D1, 2000, 1, 1, asset = assets[asset])
        data = data.iloc[:, 1:5].values
        data = data.round(decimals = 5)

    return data
```

`mass_import` 函数会自动将数据帧转换为数组，因此当你在使用自动导入时，无需担心转换问题。

 使用算法导入的历史数据数量受到 MetaTrader5 的限制。尽管这个限制的上限很高，有时候你也需要调整一下导入数据的开始年份以便顺利获取数据。举个例子，如果你使用 `mass_import` 函数但却得到了一个空的数组，那就应该尝试在使用 `get_quotes` 函数时，用一个与现在更接近的年份（如在前面的例子中，使用 2014 年，而非 2013 年）。

虽然 MetaTrader5 也有 MAC 版本，但是这个 python 库只在 Windows 上正常运行，在 MAC 上运行 MetaTrader5 需要安装模拟器。对于 MAC 用户，你可以尝试使用在本章稍后部分展示的手动导入方法。

1.3 全貌

现在让我们看一个完整的数据导入示例。请注意，完整的导入代码可以在本书的 GitHub 仓库中找到。通常我只在本书中使用小时级别的数据，因为交易员最常使用小时级别的数据，使用小时级别的数据总能发现一些有趣的交易信号。在本章已经定义好了的导入函数的基础上，让我们再来看看几个导入数据的例子。

• 为了导入天级别的以太坊兑美元（ETHUSD）数据，使用以下代码：

  ```
  my_data = mass_import(5, 'D1')
  ```

• 为了导入小时级别的英镑兑美元（GBPUSD）数据，使用以下代码：

```
my_data = mass_import(2, 'H1')
```

在使用 Python 时，有很多导入数据的方法，有些是自动化的，有些是手工的。你刚刚已经见过了第一种使用代码与图表平台交互并下载数据的方式。你也可以手动地从第三方平台下载包含 OHLC 数据的 Excel 文件，你可以使用 pandas 导入该 Excel 文件，并将之转化为数组。

假设你有一个名为 *my_data* 的 Excel 文件，这个文件储存在你的桌面上。首先你要确保 SPYDER 目录和这个 Excel 文件处于同一位置。换句话说，SPYDER 会扫描桌面并找到 Excel 文件。为了选择正确的目录，如图 1-4 所示，点击箭头旁边的文件夹按钮。

图 1-4：目录标签

你会得到一个单独的窗口，在那里你可以选择桌面位置并确认你的选择。完成这个操作后，选项卡应该看起来如图 1-5 所示。

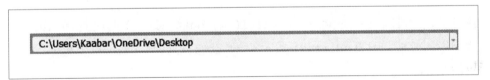

图 1-5：目录标签

你需要使用 read_excel 函数得到 Exce 文件中的数据。使用以下的语句：

```
# 将 Excel 文件导入 Python 解释器
my_data = pd.read_excel('my_data.xlsx')
```

现在，你得到了一个名叫 my_data 的数据帧，它包含了四列数据，分别代表开盘价、最高价、最低价和收盘价。通常，在使用某个库里的函数时，你需要先加上这个函数所在的库的名称，这就是为什么 read_excel 前会有 pd。

请注意 pd 是 pandas 的缩写，而 np 是 numpy 的缩写。

下面一段代码展示了如何将结构化的数据帧数据转换为数组以便加速计算。这里我使用的处理数组的 python 库叫 numpy，它也是本书中使用的主要库之一。

 我建议 Windows 用户使用自动化的方式导入数据，而 MAC 用户因为兼容性问题，我建议使用手动方式导入数据。

在你看来，在使用 numpy 的函数之前应该做些什么呢？如果你的答案是先导入这个库，那么恭喜回答正确。下面这段代码导入了 numpy 并且将 my_data 转换为了数组，这样它就可以被用作分析了：

```
# 导入库
import numpy as np

# 将数据帧转换为数组
my_data = np.array(my_data)
```

或者说，你可以只用在 pd.read_excel('my_data.xlsx') 后加上 .values 达成同样的效果，因为 pd.read_excel('my_data.xlsx').values 会返回一个数组而非 dataframe。

1.4 总结

研究和交易的框架由四种不同的算法组成。我们将在下一章中详细探讨这些算法，这些算法可以被概括为：

数据导入算法

　　这是本章中展示的算法，这个算法导入数据并将历史的 OHLC 数据准备好，以便后续的分析和回测。我相信现在你可以轻松地通过自动或者手动的方式完成这个算法。

信号检测算法

这是本书第 2 章要介绍的算法，这个算法负责生成买卖订单。实际上，信号算法是一系列判断条件，这些条件在模式已经出现，可以进行交易时亮起绿灯。

图表绘制算法

这是最简单的算法，你将使用它在价格图表上标出信号。它的目的是在图表上可视化地分析买卖信号。你也将在第 2 章中学习到这一算法。

业绩评估算法

这个算法用于计算和分析从信号检测算法获得的结果。通俗来说，它会去评估信号算法产生的信号的质量，你也会在第 2 章学习到业绩评估算法。

了解如何自动导入和准备你以后要分析的金融数据是非常重要的。Python 提供了强大且迅速的工具来实现这一点，因此，请确保你掌握了这种技术，以便最大化提高你的研究能力。

第 2 章

算法思维和函数

算法是计算机在特定条件限制下运用的一系列规则。通常我们使用算法解决特定的问题，或者使用算法重复执行相同的任务。你也可以使用算法去寻找在你设定的场景下的规律。

本书的主要目的在于向你展示如何扫描，发现并评估 K 线图模式和策略。相比于人工解决上述任务，使用算法有下面这些优势：

快速

与人工相比，算法可以非常快速地执行。一个简单的算法可以在几秒内扫描成百上千的数据片段，而一个人可能要花上数周甚至几个月来完成同样的任务。

纪律性

算法遵循一套的明确的规则，算法不会受到任何感受或者感情的影响，因而不会出现忽视规则的偶发错误。此外，算法不会陷入主观解读的陷阱。这对于整个评估流程非常重要，你需要保持客观和清醒以便评估你的交易系统。

错误率

通常来说，如果代码中没有错误，算法是不会犯错的，人类则会因为分心或者疲劳而犯错。

 一个交易系统是由多个算法组成的，如交易和风险管理算法。一个健壮的交易系统依赖于清晰和稳定的，基于规则算法给出可信的评估。

本章由四部分组成。第一部分包含一些基础的函数，这些函数负责一些基础的数据变换，而这些函数我也会在本书中频繁使用。接下来，本章将展示使用代码发现模式并编写策略。然后本章会讲解如何在价格图表上将这些信号可视化，使得它们以优雅和易于理解的方式展现出来。最后，你会学习到最为关键的性能评估指标，并且学习如何用代码计算该指标。请确保你掌握了本章中的概念，因为这些概念对本书剩下的内容至关重要，不论是对于发现模式还是创建策略都非常重要。

2.1 编写基础函数

基础函数是一系列的自定义函数，这些自定义函数能帮助你更好地操作数组。起初，我编写这些函数只是为了锻炼我的编程技术，但随着时间推移，它们成了我在研究中常用的代码片段。

2.1.1 为数组增加列的函数

有时候你需要为为数组添加列，用这些列来存储指标或者信号。举个例子，假设你有一个包含四列的 OHLC 数组，你可以在数组上增加额外的一列用于存储：

- 由收盘价衍生的指标，如简单移动平均线。[注1]

注1：　移动平均线是在一个滑动窗口内的平均值。它通常用于理解市场的趋势。在本书第3章，关于移动平均线会有更深入的讨论。

- 使用二进制值（1代表买入信号，-1代表卖出信号）来表示买入和卖出信号。

 数组的每一行代表一个时间步。在本书中我使用小时时间帧，这意味着数组的每一列都包含了每个小时的OHLC数据，以及对应的任何指标值和买卖信号表征。

因此，我们要编写的第一个基础函数是add_column()，如下面的代码片段所示：

```
def add_column(data, times):
    for i in range(1, times + 1):
        new = np.zeros((len(data), 1), dtype = float)
        data = np.append(data, new, axis = 1)
    return data
```

这个函数会根据变量 times 循环指定的次数，每一次循环都会创建一个新数组，数组元素的初始值全为0，并且和原始数据有相同的长度，如 len(data) 所做的。这个新数组是由 numpy 的函数 np.zeros 预构建的。

最后一步是使用 np.append() 将这个新创建的数组拼接在初始的四列后面，通过这一步，我们会得到一个拥有五列的数组。

随着循环的进行，列的数量持续增加。参数 axis 指定了是在原数组上增加行还是增加列，当 axis=0，np.append 在原数组上增加行，当 axis=1，np.append 在原数组上增加列。请记住，变量 times 指定了你想增加的行的数量，这是在调用 add_column 时指定的，让我们用下面这个例子来让讲解更加清晰。

假设你有一个数组叫作 my_data，这个数组包含四列，你想要更新这个数组，为它添加新的五列，这样你就得到一个有九列的数组，如果你已经定义好了 add_column，为了达成这个目标，你需要做的是：

```
# 为已经存在的数组添加五列
my_data = add_column(my_data, 5)
```

2.1.2 从数组中删除列的函数

当尝试计算复杂指标时，我们可能需要一些额外的列，因为我们需要用这些列存储计算中间结果，一旦指标计算完成，这些额外的列就不再需要了。举个例子，我们创建一列，用于计算权重，然后再创建一列计算基于权重的指标。你最终只需保留的指标列，丢掉权重列。

最后你希望保留指标计算的最终结果并且移除之前的计算中间结果，这样，你就有了一个干净的包含了指标数据的 OHLC 数组。

最快速且简单的实现这个功能的方式是 delete_column() 函数，下面这段代码展示了这个函数的定义与实现：

```python
def delete_column(data, index, times):
    for i in range(1, times + 1):
        data = np.delete(data, index, axis = 1)
    return data
```

请记住，使用一个函数前，你必须先定义它。这意味着当你定义好一个函数后，你必须先执行一遍函数定义，这样 Python 就会将这个函数存储在内存中。

这个函数会执行指定次数的循环，而这个次数取决于循环从哪个索引开始删除，以及你想要删除的列的数量。举个例子，这个函数将从索引为 4 的列开始删除三列（包含索引为 4 的列）。

这个函数使用 numpy 内置的函数 np.delete() 从变量 index 指定的索引对应的列开始删除一列。最后，变量 times 决定了有多少列需要删除，这个变量需要在调用 delete_colum 时指定。为了使得讲解更清晰，下面我们举两个例子：

- 假设你有一个包含了十列的数组，你想要从索引为 4 的列开始删除四列，你可以这样做：

```
my_data = delete_column(my_data, 4, 4)
```

 请注意，索引为 4 的列是数组的第五列而非第四列，因为 Python 的索引是从 0 开始的。

- 假设你有一个包含了八列的数组，你想要从索引为 1 的列开始删除两列，
  你可以这样做：

```
my_data = delete_column(my_data, 1, 2)
```

你会在计算指标时经常使用到 delete_column 函数，发现模式时则很少时候用 delete_column，因为发现模式经常使用的是一些直白的规则，而非像计算一些指标时用到一些列复杂计算。

2.1.3 为数组添加行的函数

有时候我们想要移动数组的某一行，或者为数组手动添加一些值，这时候我们需要在数组末尾添加行，你可以使用下面的函数在数组末尾添加空行：

```
def add_row(data, times):

    for i in range(1, times + 1):

        columns = np.shape(data)[1]

        new = np.zeros((1, columns), dtype = float)

        data = np.append(data, new, axis = 0)

    return data
```

这个函数围绕着数据循环，在每次循环中它使用内置函数 np.shape() 得到当前的数组形状，这个函数会告诉我们一个矩阵的行数和列数。因为当前我们只关心列数，我们可以使用 [1] 来告诉算法我们只想要第二个值，也就是矩阵的列数。将列数存储在变量 columns 后，下一行代码会创建一个列数与变量 columns 相等的数组，这个数组仅有一行且所有值为 0。最后，这个算法将

这个新创建的只有一行的数组拼接到原数组的末尾，从而在数组末尾创建了一个与数组其他行尺寸相同的新行。

2.1.4 从数组中删除行的函数

在计算指标时，一些计算可能对过去的数据有最小数据量的要求，否则你可能得到一些无效的值，无效的值在 Python 中通常以 NaN 的形式出现。[注2] 下面这个函数会从头开始删除行：

```python
def delete_row(data, number):
    data = data[number:, ]
    return data
```

这个简单的函数，将会保留从指定索引对应的行开始，直到结尾的数据，索引之前的数据将全部被删除。

基本的数组语法 / 数组操作

在 Python 中，清楚如何引用需要的数据需要练习，下面是一些可以用作经验法则的简单总结：

```python
# 一个数组具有这样的结构：array[row, column]

# 引用全体 my_data 数组
my_data
# 引用数组的前 100 行
my_data[:100, ]
# 引用数组的前 100 行和前 2 列
my_data[:100, 0:2]
# 引用数组第 7 列的所有行
my_data[:, 6]
# 引用数组的最后 500 行
my_data[-500:, ]
# 引用数组的第 1 行第 1 列
```

注 2：　Not a Number 的缩写，一个包含 NaN 的单元格会被认为是无效的，如果它参与了计算，那对应的计算结果也会是 NaN。

```
my_data[0, 0]
# 引用数组的最后一行最后一列
my_data[-1, -1]
```

2.1.5 数值取整的函数

为什么要在这里讨论取整这样一个简单概念呢？取整操作似乎不足以重要到单独被提取成一个函数。这是因为当你要对 OHLC 数据取整时，会出现一些其极罕见的场景。

让我们来看一个关于货币对欧元兑美元（EURUSD）的例子。最近几年，出于精度的原因，零售市场的交易商们开始摒弃四位小数，转而使用五位小数的形式对货币对报价。虽然交易员们已经习惯了 pip 的概念，也就是第四个小数位（如 1.0964 中的 4），但现在他们需要考虑 pipette，也就是第五个小数位（1.09645 中的 5）。

这样的改变可能会让那些已经习惯于传统的四位小数系统的市场交易者们感到非常困惑，但是这样的改变是必要的，因为它使得交易商报价间的差价缩小。差价是申购（买入）和出价（卖出）价格间的差额。它是市场交易商为承担风险而获得的补偿。它被认为是交易员的交易成本，因为涉及稍微高一点的买入和稍微低一些的卖出。

接下来我们来讨论一下货币对的工作原理，并最终来看看数值取整会有哪些要求。

一个货币对由两种货币构成，左侧的货币是基础货币，右侧的货币是报价货币，当你看到货币对欧元兑美元（EURUSD）报价为 1.05 时，意味着每购买 1 欧元，你需要花费 1.0500 美元。

现在，假设你是使用了 10500 美元购买了 10000 欧元，几周后，欧元兑美元（EURUSD）报价为 1.0750。这到底意味着什么呢？这意味着欧元相对于美元的价值上升了，因为现在你需要 10750 美元去购买 10000 欧元。因此，理论上，你挣了 250 美元（你也可以称之为获利 250 个点，因为 1 欧元的价值上升了 0.0250）。只有当你把欧元兑换回美元，你才能获得这部分利润，因为这样你能得到 10750 美元，而非 10500 美元。随着市场的发展和五位小数系统的引入，你现在可能会看到 EURUSD 的小数点后有五位数（例如，EURUSD 为 1.07516）。

有些 K 线图模式要求开盘价与收盘价相近。这就是为什么在后续的一些讲解中，在使用一些模式时，我会用到取整。对于货币对的最佳取整位数必须是四位，不能多，也不能少。下面这段代码展示了取整函数：

```
def rounding(data, how_far):
    data = data.round(decimals = how_far)
    return data
```

这个函数使用了内置的 round 函数来简化过程。当你在寻找特定的模式时，请确保你理解了对 OHLC 数据取整的必要性，你在下面的章节中都会使用到。

在继续讲解前，让我们先来练习下你在本章学习到的新函数。假设你有一个 OHLC 数组，你希望：

• 为数组添加两列：

my_data = add_column(my_data, 2)

• 从数组第二列开始删除三列：

my_data = delete_column(my_data, 1, 3)

• 在数组末尾添加 11 行：

my_data = add_row(my_data, 11)

• 删除数组的开头四行：

my_data = delete_row(my_data, 4)

• 将数组中的所有元素取整为四位小数：

```
my_data = rounding(my_data, 4)
```

请记住，变量 data 通常在函数中用于引用你想引用的任何数据，而变量 my_data 则是我导入的 OHLC 数组的默认名称。

2.2 编写识别信号的代码

这一小节开始，这我们开始讲解信号算法。请记住，本小节的目的是讲解如何创建一系列判断条件，从而根据这些条件找到有价值的信号。到目前为止，你已经导入了一个与资产有关的 OHLC 数组，或者说与货币对有关的 OHLC 数组。

由于现在我们还没开始讨论任何 K 线图模式，我会先创建一个假设的模式，编写它的判断条件并且创建信号算法。让我们把这个假设的配置称为阿尔法模式。

- 若当前周期的最低价低于五个周期前的最低价，且低于十三个周期前的最低价，但是比第二十一个周期前的最低价要高，同时，当前周期收盘价要高于三个周期前的收盘价，在下个周期开盘时生成一个买入信号。

- 若当前周期的最高价低于五个周期前的最高价，且高于十三个周期前的最高价，但是比第二十一个周期前的最高价要低，当前周期收盘价低于三个周期前的收盘价，在下个周期开盘时生成一个卖出信号。

空头卖出是一种复杂的操作，通过空头操作，你可以从价格下降中获利。通俗地说，你从第三方借来一份资产并卖给买家。最终，你将这份资产买回并还给原始拥有者。如果价格下降了，你会把其中的差价装进自己的腰包，否则，你就会以比卖出价更高的价格重新买回这份资产。

上述要点涵盖了生成买入卖出信号的全部内容，因此，你可以开始编写信号检测函数了。

我们可以将信号检测视作这样一个函数，它扫描数组的所有列并且留下标记表明我们事先设定好的条件是否都满足。而这些标记正是是否要买入或卖出操作的标志。

你需要告诉算法的第一件事是数组是否有足够多的列来存储买入和卖出订单，之前我们已经看到，你可以通过 add_column 函数来完成这一点。下一步是告诉算法扫描全部数据，你可以通过 for 语句实现这一点，for 语句会在指定范围内执行有限的循环，在我们的场景下，这个范围就是 OHLC 数组的长度。

当你在上一个周期的收盘价上验证了模式，并想要在下一个周期的开盘价初始化仓位时，你可以使用 try 和 except 函数。当你在数组的最后一行发现了信号，这个信号表明你需要在下一行进行操作（而下一行并不存在），这两个函数可以帮你规避报错。更具体地说，假设我们有五百行数据并且在第五百行得到了一个购买信号，因为我们要在下一个开盘时间进行买入操作，所以信号会出现在下一个不存在的行上。这会导致索引错误。

到目前为止，你已经准备好编写阿尔法模式的判断条件了。我通常会先编写看涨条件。因此，我们首先在数组添加了两列，并且在循环的时忽略 IndexError，然后我们会使用 if 语句来添加判断条件。

这些判断条件都很直观：你需要知道的只是变量 i 代表当前循环所在行的索引，因此 i-5 指代当前行之前五行（周期）的数据。变量 i 与 for 循环一起使用，这样判断条件可以被应用到每一行。

关于索引的知识更新

请记住，Python 中，列和行的索引都从 0 开始，当在本书中遇到任何 OHLC 数据时，下面的规则必须牢记在心：

- 索引 0 代表了开盘价格列。

- 索引 1 代表了最高价格列。

- 索引 2 代表了最低价格列。

- 索引 3 代表了收盘价格列。

另外，在没有其他计算或者指标的情况下，可能还会有以下情况：

- 索引 4 代表了买入信号列。

- 索引 5 代表了卖出信号列。

有时候，在 OHLC 数据之后，你可能要计算一些指标或者波动性度量，这样会把买入和卖出列挤到后面的索引去。这在第五十二页的指标分析中有介绍，下面这段代码定义了阿尔法模式：

```
def signal(data):

    data = add_column(data, 5)

    for i in range(len(data)):

        try:

            # 看涨阿尔法
            if data[i, 2] < data[i - 5, 2] and data[i, 2] < data[i - 13, 2]
                and data[i, 2] > data[i - 21, 2] and \
                data[i, 3] > data[i - 1, 3] and data[i, 4] == 0:

                    data[i + 1, 4] = 1

            # 看跌阿尔法
            elif data[i, 1] > data[i - 5, 1] and data[i, 1] > data[i - 13,
                1] and data[i, 1] < data[i - 21, 1] and \
                data[i, 3] < data[i - 1, 3] and data[i, 5] == 0:

                    data[i + 1, 5] = -1

        except IndexError:

            pass

    return data
```

语句 data[i, 4]== 0 是判断是否要买入的信号，你不能在上一行中同样也有
买入信号[注3]，假如模式天生就是不断重复的，那我们要避免产生连续的信号。

使用 if 语句的正确方式

在判断条件中，等号需要连续使用，否则你会得到一个语法错误。下面举个
例子：

```
# 错误的语法
if x = 0:

    y = 1

# 正确的语法
if x == 0:

    y = 1
```

我们在索引为 4 的列（第五列）上的填入数字 1，这表示买入信号，我在验证
完模式后，写下了 data[i + 1, 4] = 1，这是为了强制算法在当前周期结束后，
在下一个周期开始时进行买入。

与此同时，我在索引为 5（也就是第五列）填入数字 -1，表示卖出的信号。

这样一来，你已经使用代码完成了根据开盘价决定是否买入的判断条件，那
么下面这些判断条件又该怎么编写呢？

- 若当前收盘价高于两个周期前的收盘价，可以在下个周期开盘时生成一个
  买入信号。

- 若当前收盘价低于两个周期前的收盘价，可以在下个周期开盘时生成一个
  卖出信号。

注3：因为在本书中，我使用了小时级别的数据帧，所以前一行数据表示之前一个小时的 K 线图。

答案如下面的代码段所示：

```python
def signal(data):

    data = add_column(data, 2)

    for i in range(len(data)):

        try:
            # 看涨信号
            if data[i, 3] > data[i - 2, 3]:

                data[i + 1, 4] = 1

            # 看跌信号
            elif data[i, 3] < data[i - 2, 3]:

                data[i + 1, 5] = -1

        except IndexError:

            pass

    return data
```

就是这样，编写信号的方式就是使用函数然后调用它们。调用一个函数本质上就是先实现一遍这个功能，然后将这个功能运行一遍。

可以使用下面这种方式调用信号函数：

```python
my_data=signal(my_data)
```

在使用 return 语句时，你必须定义一个新数组，这个新的数组的形状取决于对应的信号函数。这是要因为我们需要基于原数组添加新的列，因此，你必须重新创建一个数组。

现在，让我们来介绍第三个算法：信号可视化。这看上去像是个可选步骤，不过也确实如此，但通过查看信号的采样，你可以对将要发生什么有所预期。你也必须肉眼去检查模式的信号去保证算法确实是在找寻正确的配置。

2.3 创建信号图表

在你创建并应用买入和卖出信号时，你的策略核心已经准备就绪，你需要通过两种不同的方式来评估这些信号。

主观角度

　　肉眼观察多个信号图，找出那些可能反映着编码错误的异常（例如，算法找到的模式是错误的）。这也能帮助你更好地理解信号的频率和连续性。你会在这一节看到这些内容。

客观角度

　　客观评估是一种更好的方法。它主要是关于计算业绩指标如命中率。随着我对这些指标讲解的深入，你会看到并编写在下一节中需要的所有指标。

图 2-1 中展示的简单示意图可以更好地帮助你理解整个流程。在整个框架中，可视化是在导入历史数据和编写信号之后的第三步。

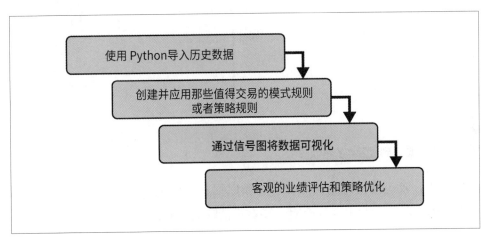

图 2-1：算法流程图

第 1 章介绍了如何从 MetaTrader5 平台导入历史 OHLC 数据，你也了解了在 MetaTrader 不提供相关数据时，如何导入你自己的数据。这一章已经讨论了如何根据一系列状态（阿尔法模式）生成信号。让我们继续这个例子。

让我们回顾下一个有效的阿尔法模式包含了那些交易状态。

- 若当前周期的最低价低于五个周期前的最低价，且低于十三个周期前的最低价，但是比第二十一个周期前的最低价要高，同时，当前周期收盘价要高于三个周期前的收盘价，在下个周期开盘时生成一个买入信号。

- 若当前周期的最高价低于五个周期前的最高价，且高于十三个周期前的最高价，但是比第二十一个周期前的最高价要低，同时，当前周期收盘价要低于三个周期前的收盘价，在下个周期开盘时生成一个卖出信号。

下一步使用简单的柱状图来表示这些信号。在产生买入信号的地方，我会标记向上的箭头，在产生卖出信号的地方，我会标记向下的箭头。在本书后面的部分，我会使用 K 线图来创建这些信号图，由于我还没介绍 K 线图，我会先使用简单的柱状图，也就是用黑色的垂线来连接每个 K 线的最高和最低价。

图 2-2 展示了一个简单的柱状图。

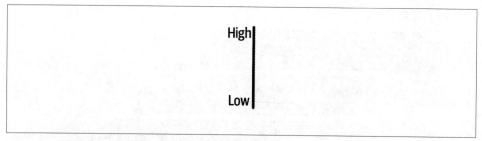

图 2-2：从最高点到最低点的柱状图

再次提醒，我还没讨论过技术分析，所以你如果感觉信息量比较大，请不要担心，因为在下一章中，你会对一切有更清晰的理解。

请看图 2-3，这是一个简单的柱状图示例，在这幅图中，对于每一个小时周期，一条垂线连接了这个小时的最高价和最低价。

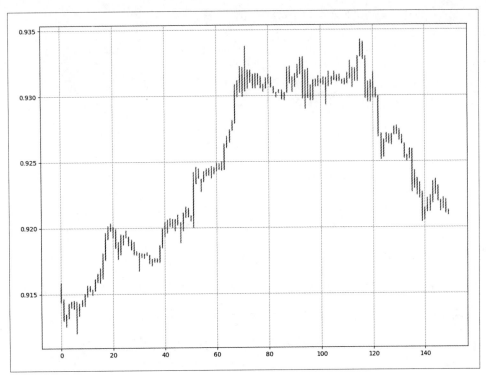

图 2-3：美元兑瑞郎 (USDCHF) 的简单柱状图

让我们把阿尔法模式的信号应用到这些柱子上，这样一来，你就可以清楚地看到你的交易与价格变动之间的关系。这样你就能看到，每当你探测到阿尔法模式时，价格到底发生了何种变化。

请使用下面我称之为 signal_chart() 的函数。在我定义信号图表前，以下是如何使用 ohlc_plot_bars() 函数常见简单柱状图的方法，这个函数的定义如下：

```
def ohlc_plot_bars(data, window):

    sample = data[-window:, ]

    for i in range(len(sample)):

        plt.vlines(x = i, ymin = sample[i, 2], ymax = sample[i, 1],
        color = 'black', linewidth = 1)
```

```
        if sample[i, 3] > sample[i, 0]:

            plt.vlines(x = i, ymin = sample[i, 0], ymax = sample[i, 3],
            color = 'black', linewidth = 1)

        if sample[i, 3] < sample[i, 0]:

            plt.vlines(x = i, ymin = sample[i, 3], ymax = sample[i, 0],
            color = 'black', linewidth = 1)

        if sample[i, 3] == sample[i, 0]:

            plt.vlines(x = i, ymin = sample[i, 3], ymax = sample[i, 0] +
            0.00003, color = 'black', linewidth = 1.00)

    plt.grid()
```

这个函数允许你绘制简单的柱状图。首先这个函数定义了回看期，回看期是指需要可视化的最近几次观测的数量。回看期的参数是窗口，一个值为 500 的窗口会向你展示最近的 500 次观测。这个函数随后会遍历窗口里的每一次观测并且使用 plt.vlines() 绘制垂线，如上面的代码所示。

为了绘制最近的 500 个柱状图，使用以下语法：

```
    ohlc_plot_bars(my_data,500)
```

现在，让我们把右箭头表示的信号加到简单柱状图上。看一下下面定义的 single_chart() 代码块，并注意这段代码是如何使用刚才我定义的 ohlc_plot_bars 函数的：

```
    def signal_chart(data, position, buy_column, sell_column, window = 500):

        sample = data[-window:, ]

        fig, ax = plt.subplots(figsize = (10, 5))

        ohlc_plot_bars(data, window)

        for i in range(len(sample)):

            if sample[i, buy_column] == 1:
```

```
            x = i
            y = sample[i, position]

            ax.annotate(' ', xy = (x, y),
                        arrowprops = dict(width = 9, headlength = 11,
                        headwidth = 11, facecolor = 'green', color =
                        'green'))

        elif sample[i, sell_column] == -1:

            x = i
            y = sample[i, position]

            ax.annotate(' ', xy = (x, y),
                        arrowprops = dict(width = 9, headlength = -11,
                        headwidth = -11, facecolor = 'red', color =
                        'red'))
```

变量 position 应当设置为 0，因为信号总是放在开盘价的位置，这会让箭头处于一个比较恰当的位置，因此 signal_chart 通过这样的方式被调用：

```
signal_chart(my_data,0,4,5,window=250)
```

如果你在已经在 OHLC 数组上应用了 singal_chart 函数，使用阿尔法模式确认信号。你会得到如图 2-4 所示的信号图。注意，向上的箭头代表了生成买入信号的准确位置，而向下的箭头代表了生成卖出信号的位置。图 2-4 展示了基于每小时 美元兑瑞郎（USDCHF）值的信号图。

我们回顾一下到目前为止你做了什么。首先，你定义并编写了信号检测函数，这样你知道什么时候该买入，什么时候该卖出， 然后你编写了一个信号图函数，使得信号图和价格图叠加在一起，这给出了你过去买入和卖出的位置。请注意，尽管简单的条形图仅显示最高和最低价格，但信号是放置在开盘价位置的，画信号图时考虑到了 OHLC 数据的全部内容。

以下代码展示了如何在美元兑瑞郎 (USDCHF) 的小时数据上，逐步完成从导入数据到话信号图的流程， 如图 2-1 所示。

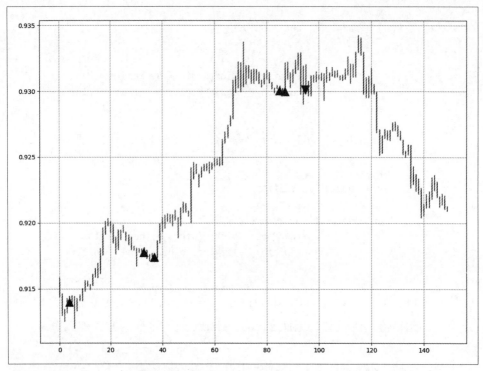

图 2-4：美元兑瑞郎 (USDCHF) 的信号图

```
# 选择资产
pair = 1

# 时间周期
horizon = 'H1'

# 将资产数据导入为数组
my_data = mass_import(pair, horizon)

# 创建信号检测函数
def signal(data):

    data = add_column(data, 2)

    for i in range(len(data)):

        try:

            # 看涨阿尔法
            if data[i, 2] < data[i - 5, 2] and data[i, 2] <
                data[i - 13, 2] and data[i, 2] > data[i - 21, 2] and
```

```
                data[i, 3] > data[i - 1, 3] and data[i, 4] == 0:

                    data[i + 1, 4] = 1

            # 看空阿尔法
            elif data[i, 1] > data[i - 5, 1] and data[i, 1] >
                data[i - 13, 1] and data[i, 1] < data[i - 21, 1] and
                data[i, 3] < data[i - 1, 3] and data[i, 5] == 0:

                    data[i + 1, 5] = -1

        except IndexError:

            pass

    return data

# 调用信号检测函数
my_data = signal(my_data)

# 绘制最近 150 个时间周期的信号图
signal_chart(my_data, 0, 4, 5, window = 150)
```

图 2-5 展示将相同的流程应用在欧元兑美元 (EURUSD) 小时数据上的结果。请注意这个模式是假设性的，没有科学依据。

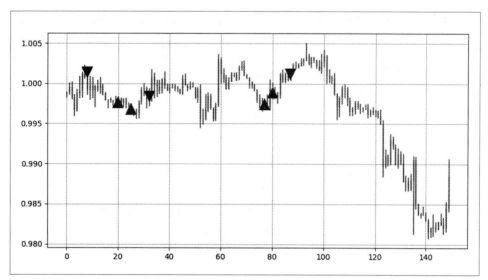

图 2-5：欧元兑美元 (EURUSD) 的信号图

2.4 编写业绩评估函数

信号可视化只是第一步。你需要客观的数据告诉你，你的交易系统是盈利还是亏损。

为此，你需要业绩评估，即通过计算不同的指标和比率，你从而得知交易系统在过去表现如何。在这之后，你需要去解释这些评估指标，并且调整模式的使用来提升这些指标。

请记住，一个交易策略可以是由几个简单的判断条件组成的模式，因此，虽然本书详细地讨论 K 线模式，我仍然会简单的回顾下交易策略。第 10 章和第 11 章会讨论一些天生就包含 K 线模式的策略。

 业绩评估也同样期望策略在过去的表现和未来的表现一致，这种一致性通常不成立，但是回测和评估历史业绩是我们能验证和实施策略的最好办法。

2.4.1 命中率

我们人类总是喜欢正确而非错误。更具体地说，我们为成就感到骄傲，因失败而羞耻，这就是为什么当我们发现我们的绝大多数决定带来了预期的结果时，我们会很开心。在大多数时候都做出正确选择会让我们自我感觉良好。毕竟，谁不想总是成功呢。

在交易界的行话中，命中率是过去一段时间盈利的交易数除以同样时间段内的总交易数。这意味着命中率衡量了你对未来方向预测正确的百分比。70%的命中率，意味着，平均来说，你每做 100 笔交易，就会有 70 笔交易盈利，这并不算坏，但是你一定要注意，这样的评估方式是一把双刃剑，你会在后面的讲解中了解到原因。现在让我们来看看命中率的数学表达：

命中率 = 盈利交易数量 / 总交易数量

显然，交易总量包含了盈利的交易数和亏损交易数。命中率是最常被观察和分析的业绩指标，因为他最容易被大众所理解和接受。请确保在计算命中率时，只包含那些已经完成的交易，排除待处理的交易。

2.4.2 回报率

当你投资了 100 块，一年后，这 100 块变成了 105 块，你应该怎么去体现你的回报率？你可以将你的利润表示为相对于初始利润的回报，而不是说你挣了 5 美元，我们可以这样计算回报率：

回报率 =（当前总金额 / 初始金额）–1

这意味着你的投资回报率是 5%，以百分比的形式表示利润可以更好地展示盈利或者损失的规模。下面举两个假设的例子：

- 投资组合 A 挣了 12500 美元。

- 投资组合 B 的回报率是 10%。

投资组合 A 看起来更具吸引力，但是如果我告诉你这两只投资组合的初始资金都是一样的，都是 200 万美元呢？ 这样的话，肯定是投资组合 A 表现不佳，因为它的回报率只有 6.25%，而 B 的回报率有 10%（20 万美元）。

你也可以去计算另外几种类型的回报率，即总回报率和净回报率。毫无疑问，你最该感兴趣的应当是后者，因为净回报率扣除了成本。让我们通过下面的例子看看总回报率和净回报率的区别：

- 2021 年 1 月 1 日的初始金额 =$1000000。

- 2021 年 12 月 31 日的最终总额 =$1175000。

- 2021 年未支付的佣金的费用总额 =$35000。

- 2021 年未支付的研究提供商费用 =$10000。

在这个例子中，总回报率不考虑经纪人费用和第三方供应商的费用：

　　总回报率 = (1175000/1000000) – 1= 17.5%

净回报率则更接近于你真实得到的利润，其计算方式如下：

　　净回报率 = (1175000 – 35000 – 10000 / 1000000) – 1 = 13%

 这个投资组合仍然是盈利的，但是在扣除成本后总盈利降低了，有些投资组合在扣除了成本从盈利变为了亏损，这就是选择一个收费结构合理的经纪人的重要性，否则这些费用将随着时间逐步蚕食你的利润。即便是佣金方面细小的差异也可能对活跃的交易者有很大影响。

2.4.3 盈利因子

盈利因子用于快速衡量每个单位的损失对应的利润。他是总毛利和总毛损失的比率，这意味着你需要将所有盈利交易的利润总和除以所有亏损交易的损失总和。数学上的表达如下：

　　利润因子 = 总毛利 / 总毛损失

请注意，计算时使用总毛损失的绝对值作为除数。让我们来考虑额下面这个例子，一个投资组合在 2020 年挣了 127398 美元，损失了 88318 美元，那对应的利润因子是什么？

答案是 1.44，这个利润因子可以被解释为每损失 1 美元，相应的，投资组合平均会挣 1.44 美元。当盈利为正时，盈利因子大于 1；当盈利为负时，盈利因子小于 1。有些交易者喜欢通过微调来优化他们的策略，直到他们找到最高的盈利因子。

2.4.4 风险 - 收益比

一个好的交易系统是以每一份风险获取的收益来衡量的。当你冒着损失 1 美元的风险去挣了 1 美元，此时的风险 - 收益比等于 1，因为你有 50% 的可能赢得或是损失相同的金额，除非你有着统计优势，使得你获利的次数多于损失的次数。

这个统计上的优势其实就是命中率。当你开始交易并设定了你的止盈点（盈利到多少时收手）和你的止损点（为了避免更糟糕的损失而结束交易），你可以计算你的理论（预期）风险 - 收益比。

这里有一个简单的例子，这个例子中，我们使用美元稳定币 (USDT)(美元 (USD) 的代理) 购买加密货币 Cardano(ADA)：

- 以 1 美元的价格购买加密货币兑美元稳定币 (ADAUSDT)。

- 设定止损点 0.95 美元。

- 设定止盈点 1.1 美元。

那么这笔交易的风险 - 收益比是多少，应该怎么理解这个风险 - 收益比？简单来说，你冒着损失 0.05 美元去挣 0.1 美元，这意味着你的收益是风险的两倍，因为，风险 - 收益比是 2.00：

> 风险收益比 = 入场价格 - 止盈价格 / 入场价格 - 止损价格

上述公式展示了如何去计算理论或是预期风险 - 收益比，这是在交易开始前就设置好的。

从经验上讲，我们一般会寻找一个能够使得风险 - 收益比接近 2.00 的策略，这样的话我们就有足够的空间留给预测误差，使得利润始终为正。假设每次投资我们所能进行的交易数相同，当我们能保证 2.00 的风险 - 收益比时，我们只需要达到 33.33 的命中率就能盈亏平衡。

一个盈亏平衡的命中率是在扣除成本和手续费之后，能保证不亏钱也不盈利的最低的命中率。因为这只是一个指标性的衡量，盈亏平衡命中率很少出现在业绩报告中。但是。你还是可以通过风险 - 收益比来计算盈亏平衡命中率：

盈亏平衡命中率 = 1/(1+ 风险 - 收益比)

这个公式告诉我们，命中率和风险收益比是呈反比的，你冒的风险越低，盈利提升越少，你达到盈利目标的可能性就越小，因为此时你更接近止损点。考虑下面这个例子。

- 自 2021-01-01 以来的命中率 =43.67%。

- 自 2021-01-01 以来实际的风险收益比 =2.11。

在这个例子中，盈亏平衡的命中率是多少呢？通过上面的公式，我们可以得到：

盈亏平衡命中率 = 1/1+2.11 = 32.15%

这意味着你的交易策略是盈利的，因为每 100 笔交易就有 43 或者 44 笔交易是盈利的。更进一步说，对于每一笔交易，平均算下来，你的收益是损失的 2.11 倍，这就是策略盈利的原因。好的风险管理造就了能够盈利的交易系统。如果只看命中率，会使人失去兴趣，但是如果再加上风险 - 收益比，整个全貌就展现在我们眼前。

现实中，很多交易会在到达止损点或是止盈点前就提前结束，这是由各种原因导致的，比如说，在同一方向上得到了另一个信号。因此，你有两个风险 - 收益比。

理论风险 - 收益比
　　交易开始前设定的风险投资比，该值是个预测值。

实际风险 - 收益比

这是由每一笔交易的平均利润除以每一笔交易的平均损失得到的，他告诉我们，实际的风险 - 收益比和理论值差距有多大。

让我们用另一个例子来解释下这两个比率：

- 在 2021-0101 设定的理论风险回报比 =2.00。

- 2021 年平均每笔交易的盈利 =$241597。

- 2021 年平均每笔交易的损失 =$127222。

因此，实际上的风险 - 收益比为 1.90，这比理论值要稍微低一些，这是可以接受的，因为有些时候你会在达到止损点或者止盈点前提前退出交易，在本书中，回测使用的比率是实际的风险 - 收益比。

2.4.5 交易次数

在性能评估中，交易频率是非常重要的。从经验上讲，我们至少需要 30 笔交易来保证评估结果的可靠性。当然，经过这些年，最低交易频次的要求一定比 30 次要多。有一些模式是相当罕见的因此这类模式通常不会有很多信号，这也使得合理地评估它们变得困难。

遗憾的是，有一些模式非常罕见，但是，不管怎样，本书的目的并不是去丑化或者美化它们，因为有些模式确实非常糟糕并且不可预测，但是这些模式却被很多零售交易者用于分析市场。这也引出了本书的第二个用途：揭露真相。现在是时候来看看如何用 Python 来计算上面的指标了。

2.4.6 创建业绩评估函数

你已经完成了对业绩指标理论部分的讨论。尽管在现实中有更多指标对业绩评估有更深入的挖掘，但是为了评估一个策略的好坏，你并不需要计算所有这些指标。

举个例子，回报率在本书稍后介绍的回测中并不十分有用，因为它是一个关于交易量和交易成本的函数，它和预测并不直接相关。这就是为什么我只用其他的四个指标的原因：

- 命中率为我们提供一个策略或模式的预测性的初步看法。

- 盈利因子可以让我们去除交易量大小的干扰，评估所得利润是否大于所得损失。

- 实际风险 - 收益比向我们展示了，相比于承担的风险，我们的回报有多少。

- 信号频率解释了我们的评估结果是否有意义，我们是否在预期常见不常见的信号。

这些性能指标都被打包放进了一个 Python 函数，我称之为 performance()，正如下面的代码段所示。在这段代码后，我会解释它是如何工作的，以及它的输出是什么：

```python
def performance(data,
                open_price,
                buy_column,
                sell_column,
                long_result_col,
                short_result_col,
                total_result_col):

    # 表明当前所处历史周期
    for i in range(len(data)):

        try:

            if data[i, buy_column] == 1:

                for a in range(i + 1, i + 1000):

                    if data[a, buy_column] == 1 or data[a, sell_column] \
                                                == -1:

                        data[a, long_result_col] = data[a, open_price] - \
                                                    data[i, open_price]
```

```python
                        break

                else:

                    continue

        else:

            continue

    except IndexError:

        pass

for i in range(len(data)):

    try:

        if data[i, sell_column] == -1:

            for a in range(i + 1, i + 1000):

                if data[a, buy_column] == 1 or data[a, sell_column] \
                                == -1:

                    data[a, short_result_col] = data[i, open_price] -\
                                    data[a, open_price]

                    break

                else:

                    continue

        else:
            continue

    except IndexError:

        pass

# 将买入 / 卖出信号的结果放入同一列
data[:, total_result_col] = data[:, long_result_col] + \
                        data[:, short_result_col]
# 盈利因子
total_net_profits = data[data[:, total_result_col] > 0, \
```

```
                         total_result_col]
total_net_losses    = data[data[:, total_result_col] < 0, \
                         total_result_col]
total_net_losses    = abs(total_net_losses)
profit_factor       = round(np.sum(total_net_profits) / \
                         np.sum(total_net_losses), 2)

# 命中率
hit_ratio           = len(total_net_profits) / (len(total_net_losses) \
                         + len(total_net_profits))
hit_ratio           = hit_ratio * 100

# 风险 - 收益比
average_gain        = total_net_profits.mean()
average_loss        = total_net_losses.mean()
realized_risk_reward    = average_gain / average_loss

# 交易次数
trades = len(total_net_losses) + len(total_net_profits)

print('Hit Ratio          = ', hit_ratio)
print('Profit factor      = ', profit_factor)
print('Realized RR        = ', round(realized_risk_reward, 3))
print('Number of trades   = ', trades)
```

这个函数并不像看上去一样复杂。举例来说，它的入参是七个变量，这七个变量代表了数组，以及对应的行索引。变量 data 代表 OHLC 数组，它包含了交易数据和由模式产生的信号。请记住，对于信号而言，1 代表了买入，−1 代表卖出。变量 open_price 是数组的第一行，代表了每个时间周期的开盘价格。在我们的场景下，它代表了每个小时的开盘价，因为我们使用小时级别的时间周期。

不要忘记，在 Python 中，数组的第一列索引为 0， 因此变量 open_price 值为 0，接下来的两个变量，相应的代表了买入和卖出信号的存储位置。对于简单的模式来说，这两个变量的的值通常为 4 和 5，对于复杂的模式可能会更多。变量 long_result_col 和 short_result_col 是对应的 buy_column 和 sell_column 的结果的索引。

这也就是说，不论何时，当你离开了一个买入位置，这个买入位置的结果会存在变量 long_result_col 指定的列中。最后，total_result_col 总是紧接在 short_result_col 后面的，因为它是 long_result_col 和 short_result_col 列的总和。total_result_col 列是为了便于计算业绩评估指标。现在，要调用 performance 函数，使用以下的语法：

```
my_data=performance(my_data,0,4,5,6,7,8)
```

这句话计算了数组 my_data 上的业绩指标，你已经看到过如何导入 my_data，并且将 my_data 对应的变量设置为需要的值。如果你不记得如何获得 my_data 和对应的变量，请仔细阅读前面的章节。

2.4.7 一个假设的例子：评估业绩

在结束本章之前，让我们来看一个完整的例子，并且解释它的结果。毕竟，回测就是为了理解策略或模式给出的结果从而改善它。下面的细节来自一个投资组合，这个投资组合在 2017~2021 年期间使用单一策略：

- 总交易次数 =2348。

- 盈利交易 =1236。

- 亏损交易 =1112。

- 理论风险 - 收益比 =2.00。

- 总交易净利润 =$457995。

- 总交易净损失 =$321589。

- 平均每笔交易利润 =$370.54。

- 平均每笔交易损失 =$289.19。

请问 2017~2021 年间的命中率是多少？

命中率就是盈利交易数量除以实际交易总数。在这个例子中，其值为 52.64%。

2017~2021 年间的净盈利因子是多少？你会如何解读这个数据？

盈利因子是总利润除以总亏损。在这个例子中，其值为 1.42，远高于 1.0。这个投资组合每亏损 1 美元，能够产生 1.42 美元的收益。

2017~2021 年间的实际风险收益比是多少？与理论风险收益比进行对比，该如何理解？

实际风险收益比是平均每笔交易的收益与平均每笔交易的亏损的比值。在这个例子里，风险收益比为 1.28，远低于理论风险收益比 2.00。因此，投资组合的风险管理水平未达到最佳，可能是因为提前平仓导致的。

我们应该如何理解信号频率？

在五年内，这个投资组合进行了 2348 笔交易，交易活动相对较高，平均每年约有 469 笔交易。如此高的交易数量，交易成本成为一个需要注意的问题。从统计上看，业绩评估应该能够准确描述投资组合的状况，因为信号很多。

这是一个管理良好的投资组合吗？

尽管利润因子表明其盈利性很高，但管理者应该考虑在维持命中率在 50% 以上的同时，提高实际的风险收益比。这可以通过调整、优化，甚至是重新审视进出场技术来实现。管理者还应该研究如何减少交易，以便减少经纪费。然而，这个投资组合是盈利的，并且似乎采取了一种有预测性的策略。

你现在已经完成了构建算法的核心部分，这些算法将用于分析和回测 K 线图模式。在呈现这些模式之前，你还需要理解技术分析，这是 K 线图模式识别所在的研究领域。

第 3 章

介绍技术分析

技术分析通过对于对历史价格行为的解读来确定市场可能的总体方向。它依赖于这样的思想：过去即是预测未来最佳的参照。在庞大的技术分析领域中，有几种不同的技术，主要包括以下几种：

图表分析

图标分析将客观的视觉上的评估技术应用到图表上，通常，你会通过绘制支撑线，阻力线，以及回撤的方式来找到能够确定下一步行动的拐点。

指标分析

指标分析使用数学公式来创建客观的指标，我们可以选择跟随指标或者选择与指标相反的方向。一些很有名的指标包括移动平均线和相对强度指数（RSI），这二者的细节都会在本章讨论。

模式识别

模式识别观察特定的反复出现的配置，并且根据这些配置采取行动。模式通常是一个时不时出现的事件，呈现出某种理论上或实证上的结果。在金融领域，它更复杂，但某些模式已经被证明随着时间推进能够带来利润，这可能部分归因于一个被称为自我应验预言的现象（即事情发生了，也是因为我们最初期望它发生）。已知的模式包括 K 线图模式，这些 K 线图模式是本书的主角。

让我们先快速回顾一下技术分析的历史，这样你会对下面的内容有一个更好的预期，技术分析依赖于三个原则：

历史总是不断重复

你总会在历史数据和趋势中找到相似的数据点。同样的，特定的配置和模式在大多数时候总会有相似的结果。[注1]

市场考虑所有因素

这条原则假设所有信息（一切基础的，技术的，量化的信息）都被包含在了当前价格中。

市场总在波动

由于时间周期和需求的不同，交易者们总是以不同的频率买入和卖出，这让市场一直在波动中，而非一直是一条直线。

不幸的是，技术分析在零售交易领域被过度炒作和误用，这使得技术分析在专业领域声誉不佳。每一种分析都有它的长处和弱点，在基本面，技术面和量化面，各自有成功的投资者，而这三个领域，也都有失败的投资者。

基本面分析依赖于经济和金融数据，对某一类证券或是货币做出长期投资判断，量化分析则更多样化并更多地应用于短期数据，它使用数学和统计学上的知识做出判断。

技术分析领域有不少假设，其中之一就是市场并不高效，但这意味着什么呢？高效的市场认为一切信息已经被包含在了当前价格中，价格和价值是一回事。当你购买一份资产时，你希望它的价值是被低估的（技术分析术语）或者说被超卖了（技术分析术语），这就是为什么你相信它的价格应该会上涨直到匹配他的价值。因此，你假设资产的价值高于其价格。而市场效率反驳任何价格不等于价值的说法，因此，任何阿尔法交易都不会带来高于市场平均的

注1： 这假设了一种非随机概率，在长期内表现出确定性特征。

回报（阿尔法交易是指通过进行投机操作从而得到超越基准的回报的行为，这个基准回报通常是一个指数或一个加权估量）。

市场效率的假设是技术分析是最大的敌人，因为技术分析的三原则之一就是，在市场相对高效时，你无法从技术分析中获取超额利润。因此，技术分析在一开始就被打击了，而基本面分析也承担了部分打击。

我们有理由假设，在未来的某个节点，市场除了变得高效外别无选择，因为在未来会有众多的交易者而且信息会更容易获取。但是，政治上的和非常态的事件告诉我们，市场永远无法变得高效。

两个国家的战争就是典型的例子，一个政治事件导致了市场的恐慌和不理性。类似的，央行突然提高利率则是经济上的非正常事件。

3.1 图表分析

在你开始理解什么是图表分析前，你需要先知道当你打开一个图表之后，看到的是什么，更具体地说，就是打开 K 线图的时候。

让我们假设市场的开盘价是 100 美元，随后，一些交易发生了，让我们同样记录一下在这个小时区间的最高价（102 美元）和最低价（98 美元）。同样，让我们记录这个小时的收盘价（101 美元）。这四个数据被称为：开盘价，最高价，最低价和收盘价（OHLC）。它们代表了创建 K 线图必要的四个基本价格。

K 线图是非常简单和直观的。它们是沿着时间线的方块，包含着 OHLC 数据。图 3-1 展示了了解 K 线图需要的一切。

一根阳线的收盘价高于开盘价，一根阴线收盘价低于开盘价。

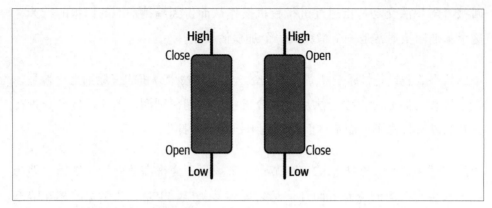

图 3-1：左边是阳线，右边是阴线

K 线图是分析金融时间序列最著名的方法之一。它们包含的信息比简单的折线图更多，并且比柱状图有更好的视觉解释性。Python 中的许多库提供绘图功能，但在我看来，自己动手做总是更好的。让我们从最基础的折线图开始。

折线图是由按时间排序的收盘价连接而成的。它是绘制资产的最简单方式。在这三种图表类型中，折线图包含的信息最少，因为它只显示收盘价。

在 Python 中绘制基本的折线图非常简单，只需要一行代码。你必须确保你已经导入了一个名为 matplotlib 的库，这个库可以为你绘图。以下代码片段展示了如何绘制一个按小时统计的欧元兑美元 (EURUSD) 收盘价的一维折线图：

```
# 导入必要的绘图库
import matplotlib.pyplot as plt

# 绘制折线图的语法
plt.plot(my_data, color='black', label='EURUSD')

# 添加上述创建的标签
plt.legend()

# 添加网格
```

```
plt.grid()
```

图 3-2 显示了一个欧元兑美元 (EURUSD) 的折线图。该图表只提供了有关收盘价和总体方向的信息。

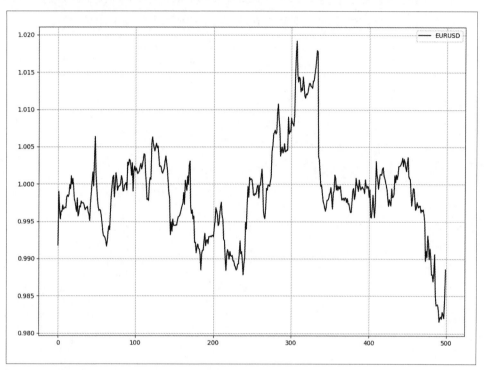

图 3-2：欧元兑美元 (EURUSD) 的折线图

让我们使用 K 线图把上面的折线图提升到另一个层次。

做这件事最简单的方式是在每一个时间段画垂线（正如我们在第 2 章柱状图中所介绍的那样）。按照以下步骤操作：

1. 为每一行数据的最高点和最低点绘制垂线。举个例子，对于 OHLC 数据，你可使用 matplotlib 中一个叫作 vlines 的函数，这个函数可以在最小值（最低价）和最大值（最高价）间绘制一条垂线。因此这个函数绘制的柱状图会在当前时间周期的最高价和最低价间。图 3-3 展示了一个简单柱状图（如第 2 章所介绍的），这张图每一柱子都在当前时间周期欧元兑美元 (EURUSD) 的最高价和最低价之间。

2. 重复第 1 步，这一次在开盘和收盘价画用新的垂线。但是这会让新的垂线和之前的垂线重合，这是很不直观的，怎么解决呢？我们可以引入另一个颜色，并且给新的垂线一个更宽的宽度，而这代表了 K 线图的主体。

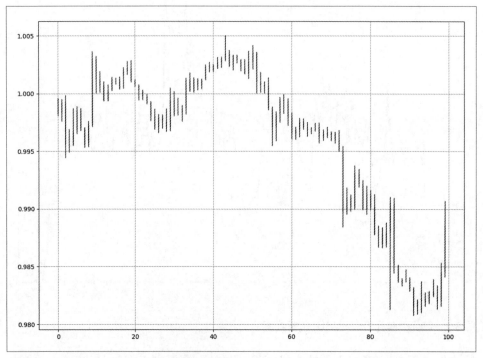

图 3-3：欧元兑美元 (EURUSD) 的简单柱状图

图 3-4 展示了欧元兑美元 (EURUSD) 的完整 K 线图，你可以看到，通过颜色区分，以及对 OHLC 完整数据的可视化，你可以获得更多信息，如波动性，以及收盘价对开盘价的大致趋势。这类信息在折线图中是无法获取的。

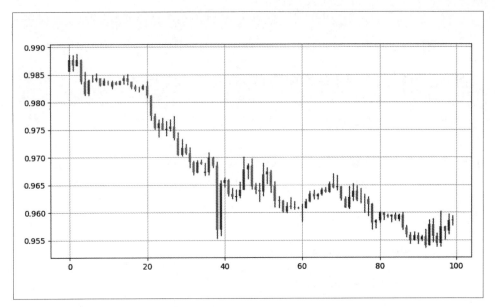

图 3-4：欧元兑美元 (EURUSD) 的 K 线图

下面是绘制 K 线图的完整代码：

```python
def ohlc_plot_candles(data, window):

    sample = data[-window:, ]

    for i in range(len(sample)):

        plt.vlines(x = i, ymin = sample[i, 2], ymax = sample[i, 1],
                color = 'black', linewidth = 1)

        if sample[i, 3] > sample[i, 0]:

            plt.vlines(x = i, ymin = sample[i, 0], ymax = sample[i, 3],
                    color = 'green', linewidth = 3)

        if sample[i, 3] < sample[i, 0]:

            plt.vlines(x = i, ymin = sample[i, 3], ymax = sample[i, 0],
                    color = 'red', linewidth = 3)

        if sample[i, 3] == sample[i, 0]:

            plt.vlines(x = i, ymin = sample[i, 3], ymax = sample[i, 0] +
```

```
                            0.00003, color = 'black', linewidth = 1.00)

    plt.grid()
```

要调用这个函数并且展示最后的一百根 K 线，使用下面的语法：

```
ohlc_plot_candles(my_data, window=100)
```

有些人喜欢用其他颜色绘制 K 线图。为了实现这一点，你需要调整一下
`color` 参数。举个例子，下面的代码绘制的 K 线图用灰色表示看涨，黑色表
示看跌：

```
def ohlc_plot_candles(data, window):

    sample = data[-window:, ]

    for i in range(len(sample)):

        plt.vlines(x = i, ymin = sample[i, 2], ymax = sample[i, 1],
                   color = 'black', linewidth = 1)

        if sample[i, 3] > sample[i, 0]:

            plt.vlines(x = i, ymin = sample[i, 0], ymax = sample[i, 3],
                       color = 'grey', linewidth = 3)

        if sample[i, 3] < sample[i, 0]:

            plt.vlines(x = i, ymin = sample[i, 3], ymax = sample[i, 0],
                       color = 'black', linewidth = 3)

        if sample[i, 3] == sample[i, 0]:

            plt.vlines(x = i, ymin = sample[i, 3], ymax = sample[i, 0] +
                       0.00003, color = 'black', linewidth = 1.00)

    plt.grid()
```

图表分析的主要任务是通过客观的作图来寻找支撑位和阻力位。无论发现的
是水平线还是对角线，它们都是可以预测市场反应的基础。

- 支撑位是指市场应当反弹的位置，因为它预计需求会比相应的供给要多。

- 阻力位是指市场应当回撤的位置，因为它预计供给会比相应的需求要多。

资产在时间轴上可以有三种走向：上升趋势，价格不断创新高；下行趋势，价格不断创新低；横盘（或区间波动），价格在相通的水平在一段时间内波动。

图 3-5 显示了欧元兑美元（EURUSD）的支撑位接近 0.9850，当价格接近支撑位时，交易者考虑买入。这是对上行反应的预期，因为供给平衡更多地倾向于需求（正向）侧，此时交易者们可以接受用更高的价格买入，因为他们预期未来价格会因一步提高（请记住之前关于价格和价值的讨论）。这意味着大多数交易者认为价格此时低于价值。

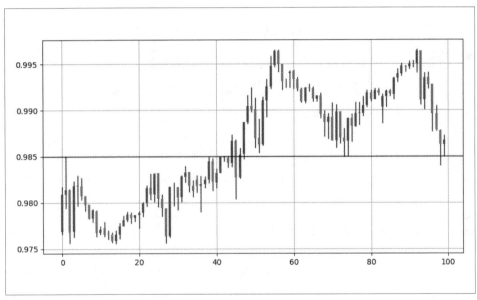

图 3-5：欧元兑美元（EURUSD）的 K 线图显示支撑位在 0.9850

图 3-6 展示了欧元兑美元（EURUSD）的阻力位在 0.9960。一般来说，交易者在价格接近阻力位时考虑卖出，这是他们预期市场应该下行时的反应。此时供给平衡更倾向于供给侧。这意味着大多数交易者认为此时价格高于价值。

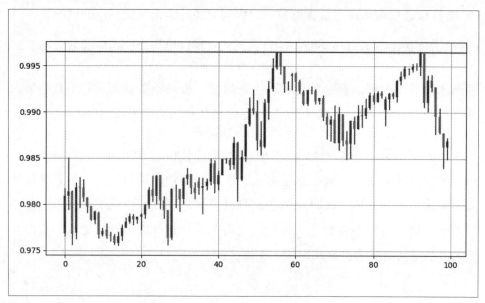

图 3-6：欧元兑美元（EURUSD）的 K 线图显示了阻力位在 0.9960

区间（横盘）市场更加增强了水平支撑和阻力位的有效性。因为横盘市场中，供需关系已经相对平衡了。因此如果供给变多，那市场会迅速做出调整，需求会提升到足够的水平来稳定价格。

图 3-7 展示了一个在两个水平线间波动的横盘市场。这就是欧元兑美元（EURUSD）的情况，在一个横盘市场，每当市场接近阻力位时，相比于在一个上升市场，你应当对下跌更有信心，而每当市场接近支撑位时，相比于在一个下行市场，你应当对回弹更有信心。

更进一步，图表分析也应用在趋势市场中。趋势市场通常会以上升和下降通道的形式出现。去世市场中，支撑位和阻力位与在横盘市场中的支撑位和阻力位预示的倾向相同，但会有偏向（稍后讨论）。

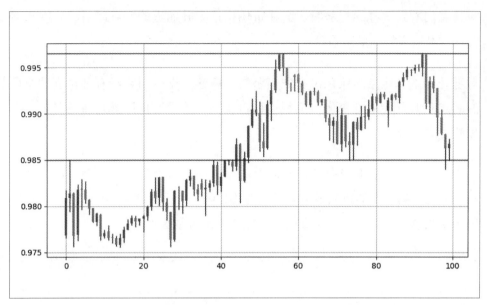

图 3-7：EURUSD K 线图展示了 0.9850 的支撑位和 0.9960 的压力位

图 3-8 展示了一个上升通道，通道中，支撑位和阻力位随着时间上升，这反映了来自持续上升的需求导致的看涨压力。

图 3-8：澳大利亚元兑美元（AUDUSD）的 K 线图展示了一条上升通道

交易者们看到这样的趋势时，会在市场接近上升通道的底部时看涨，在市场接近交易通道的顶部时看跌。

对上升和下降通道的认识没有任何坚实的科学依据，因为没有证据表明市场的高点和低点要平行变化，但是这种自我实现的预言也许就是通道对未来有预测力的原因。

图 3-8 展示了一个下行通道，通道中，支撑位和阻力位随着时间下降，这反映了来自持续上升的供给导致的看跌压力。通常来说，看跌通道会更具侵略性，因为恐惧总是强于贪婪，卖家的恐慌比买家的贪婪更严重。

图 3-9：欧元兑美元 (EURUSD) 的 K 线图展示了一条下行通道

当在谈及上升和下行通道时，我提到了偏向。我称这种偏向为看不见的手，下面是原因：

马丁·施魏格说过："趋势是你的朋友。"这意味着对于上升通道，你需要在市场回到支撑区间时更多地关注买入。这是因为你希望看涨压力的隐形的手能够增加你交易盈利的概率。类似的，在下行通道中，你需要在市场到达顶部时更多地关注卖出。施魏格格言的完整版本如下，"趋势在它到达拐点前，都是你的朋友，市场的机制可能改变，任何与趋势的友谊在趋势结束时都将结束。"最后，图表分析天生就是主观的，它更多地依赖于交易者或者分析师的经验。

值得一体的是，除了肉眼评估，发现支撑和阻力位还有许多其他方式：

斐波那契回撤

斐波那契回撤通过斐波那契比率来给出反应水平。我们通常在上升或者下行阶段计算斐波那契回撤，这样你就知道市场在触底或者到顶时何时回撤。这个方法的缺陷在于它非常主观，相比于其他方法它并不完美，它的好处是可以给出很多有趣的水平。

枢轴点

有了枢轴点，你可以用简单的数学公式来找到支撑和阻力水平。根据昨天的交易，你使用公式来预测未来的支撑位和阻力位。当市场到达这些水平位置时，你通过相反方向的交易来淡化市场的变动。

移动平均线

移动平均线会在下一节讨论。移动平均线天生是动态的，并跟着价格改变，你可以使用移动平均线探测当前的市场机制。

 找到支撑位和阻力位的最好方式是尽可能地将各种技术手段组合起来，这样一来你就有了各种方法的结合，这能够增强你对你的初步想法的信心。交易是个数字游戏，尽可能地将赌注放在你这边，可以增加你在游戏中表现出色的概率。

3.2 指标分析

指标分析是第二常用的技术分析工具。通常，它和图表一起来确认你一开始的想法。你可以把指标看作是助手。它们有两种类型：

趋势跟随指标

趋势跟随指标用于找到趋势市场，并在趋势市场中交易，在这样的趋势市场中，市场的走向会持续下去。因此，趋势跟随指标与市场走向的持久性有关。

逆势指标

逆势指标用于抵消当前的市场趋势，逆势指标最好在横盘市场中使用，通常，逆势指标意味着初始走向的结束。因此，逆势指标与走向的反转有关（走向的非持久性）有关。

接下来的章节将介绍技术分析的两个支柱，移动平均线（趋势跟随）和相对强弱指数（逆势）。

3.2.1 移动平均线

最有名的趋势跟随叠加指标就是移动平均线。它的简单性使它毫无疑问地成为最常使用的工具。移动平均线帮助我们确认和利用趋势。你也可以用移动平均线来发现支撑位和阻力位，止损和止盈，也可以用移动平均线来理解潜在的趋势。

有许多类型的移动平均线，最常用的是简单移动平均线，你只需要用下面的公式滚动地计算收盘价的平均：

$$移动平均值_i =（价格_i + 价格_{i-1} + ... + 价格_{i-n}）/n$$

这就是你在统计学或是日常生活中用到的简单平均值。它其实就是所有观测到的价值的总和除以观测次数。[注2]

注2：　你可以把平均理解成总和除以数量。

图 3-10 展示了应用在美元兑加拿大元 (USDCAD) 上的 30 小时的简单移动平均线 "30 小时" 意味着以小时为最小单位, 我计算了最近 30 个周期的移动平均。

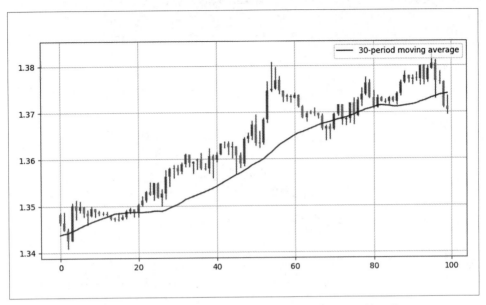

图 3-10: 包含了 30 小时的移动平均线的美元兑加拿大元 (USDCAD) 的 K 线图

使用移动平均线时以下几点需要注意:

- 当市场高于其移动平均线时, 市场处于看涨势头, 你应该寻找买入的机会。

- 当市场低于其移动平均线时, 市场处于看跌势头, 你应该寻找卖出的机会。

- 当市场越过 (向上超过, 或者向下被超过) 移动平均线, 市场的趋势正在发生改变, 可能市场正在进入新的机制 (趋势)。

你也可以把多个市场平均线结合起来看, 这样它们能给出更多信号。举个例子, 当短期的移动平均线超过长期移动平均线时, 一个看涨交叉就发生了, 市场可能会继续上涨。这个时刻又叫作黄金交叉。

相对地, 当短期移动平均线被长期移动平均线超过时, 一个看跌交叉就发生了, 市场可能继续下跌。这个时刻被称为死亡交叉。

图 3-11 展示了美元兑加拿大元（USDCAD）的 10 小时移动平均线（更接近于市场价）和 30 小时的移动平均线（更远离市场价）。你可以注意到，在刚开始黄金交叉就出现了，而这预示着看涨势头的开始。

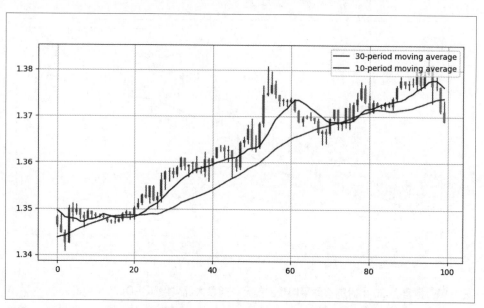

图 3-11：包含了 30 小时移动平均线和 10 小时移动平均线的美元兑加拿大元 (USDCAD)K 线图

可以使用下面的函数来编写移动平均线：

```python
def ma(data, lookback, close, position):

    data = add_column(data, 1)

    for i in range(len(data)):

        try:

            data[i, position] = (data[i - lookback + 1:i + 1,
                                       close].mean())

        except IndexError:

            pass
```

```
        data = delete_row(data, lookback)

        return data
```

为了计算 30 周期（或者说 30 小时，取决于你对时间周期长短的定义）的基于收盘价的移动平均线，你需要定义 ma() 函数并用下面的方式调用它：

```
# 设定回望期
lookback = 30

# 设定收盘价列对应的索引
close_column = 3

# 设定移动平均线列对应的索引
ma_column = 4

# 调用移动平均线函数
my_data = ma(my_data, lookback, close_column, ma_column)
```

3.2.2 相对强弱指标

现在我们来讨论逆势指标，逆势指标由 J. Welles Wilder Jr. 首次引入，[注3] 相对强弱指数（RSI）是最流行的，用途最广泛的指标之一。这个相对强弱指标通常被用作逆势指标，逆势指标中的极端值表明了下一步应当进行的市场操作。

可以用下面的步骤来计算默认周期为 14 的强弱相对指标：

1. 计算当前每个周期收盘价相对于上一周期收盘价的变化。

2. 将正向净变化与负向净变化分开。

3. 计算正向净变化的平滑移动平均线，计算负向净变化的绝对值的移动平均线。

4. 用正向平滑变化除以负向平滑变化的绝对值。这个计算被称为相对强度（RS）。

注3： 详情参见 J. Welles Wilder Jr.（1978 年）发表的《新技术交易系统》中的概念。

5. 应用下面标准化公式到每一个时间间隔，得到强弱相对指标（RSI）。

$$RSI_i = 100 - 100 / (1 + RS_i)$$

 平滑移动平均线是由 RSI 发明者提出的一种特殊移动平均线，它比简单移动平均线更平滑，更稳定。

通常，相对强弱指标（RSI）使用 14 作为默认的回看期，尽管每个交易者可能根据他们的喜好选择回看期。下面是这个指标的一些用法：

- 当 RSI 低于 30 时，市场被认为是超卖的，可能会出现向上的修正。

- 当 RSI 高于 70 时，市场被认为时超买的，可能会出现向下的修正。

- 当 RSI 超过或低于 50 时，一个新的趋势可能正在成型，但这通常是一个很弱的假说，相比于实践，这种情况更容易出现在理论里。

图 3-12 展示了欧元兑美元 (EURUSD) 和它的 14 周期相对强弱指标，这些指标可被用于确认市场的买入或者卖出偏向，这在把握市场时机，分析当前市场时非常有用。

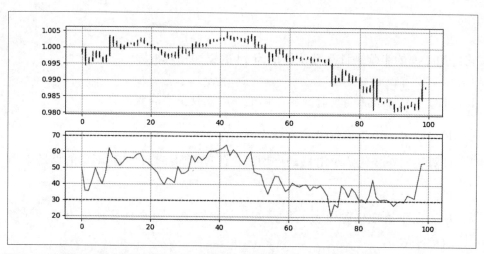

图 3-12：图的上半部分展示了小时级别的欧元兑美元（EURUSD）价值，图的下半部分展示了欧元兑美元（EURUSD）的 14 周期相对强弱指标

为了使用常见的数组方法创建相对强弱指标，我们先来定义下面的平滑移动
平均线：

```
def smoothed_ma(data, alpha, lookback, close, position):

    lookback = (2 * lookback) - 1

    alpha = alpha / (lookback + 1.0)

    beta  = 1 - alpha

    data = ma(data, lookback, close, position)

    data[lookback + 1, position] = (data[lookback + 1, close] * alpha) +
                                   (data[lookback, position] * beta)

    for i in range(lookback + 2, len(data)):

            try:

                data[i, position] = (data[i, close] * alpha) +
                                    (data[i - 1, position] * beta)

            except IndexError:

                pass

    return data
```

现在，让我们用下面的函数来计算相对强弱指标：

```
def rsi(data, lookback, close, position):

    data = add_column(data, 5)

    for i in range(len(data)):

        data[i, position] = data[i, close] - data[i - 1, close]

    for i in range(len(data)):

        if data[i, position] > 0:

            data[i, position + 1] = data[i, position]

        elif data[i, position] < 0:
```

```
            data[i, position + 2] = abs(data[i, position])

    data = smoothed_ma(data, 2, lookback, position + 1, position + 3)
    data = smoothed_ma(data, 2, lookback, position + 2, position + 4)

    data[:, position + 5] = data[:, position + 3] / data[:, position + 4]

    data[:, position + 6] = (100 - (100 / (1 + data[:, position + 5])))

    data = delete_column(data, position, 6)
    data = delete_row(data, lookback)

    return data
```

总结一下，有很多种指标计算方式。最常用的两种是移动平均线和相对强弱指标。我会在第 10 章和第 11 章再次提到它们。现在，确保你已经理解了技术分析的概念。让我们开始学习模式识别吧。

3.3 模式识别

模式是反复出现的配置，显示了对市场下一步走向的特定预测，模式可以被分为下面几种类型：

经典价格模式

经典价格模式是已知的技术性的价格反转模式，这个模式非常主观，如果我们不考虑主观条件，这些模式非常难以回测，因此，经典价格模式通常被认为是不可靠的。但是，经典价格模式仍然被许多交易者和分析师所使用。

时机模式

时间模式基于时间和价格的组合。这些模式不是很出名，但是这些模式如果能被正确使用，会非常强大。

K 线图模式

K 线图模式使用 OHLC 数据去预测未来市场的反应。K 线图模式是最有效的可视化图表的方式之一，K 线图蕴含着许多模式，这些模式可以预测信号的反转或是确认市场的走向。它们在下一章会被更详细地讨论。

经典价格模式在这里指的是一些理论配置，如双顶和三角模式。它们通常是逆转模式或是延续模式。

延续价格模式

延续价格模式是一种确认市场当前走向的配置，如矩形或者三角形。

反转价格模式

反转价格模式是指抵消当前市场走向的配置，如头肩颈和双底。

老派的图表分析师熟悉双顶和双底，它们表明市场走向的逆转，并告诉我们在多大程度上逆转可能发生。它们简单直观，但它们是主观的，有些可能不如其他模式那么明显可见。

这使得我们很难验证双顶或是双底模式是否能真正带来价值。图 3-13 描绘了双顶模式，一旦该模式被验证，我们通常会给出看跌的倾向，在这个模式中，我们能看到市场打破了两个峰值的底部的连线，而这条连线被称为颈线。

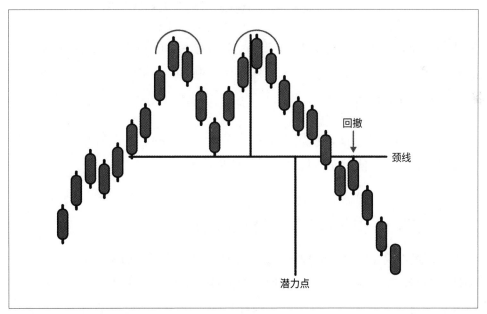

图 3-13：双顶模式示意图

请注意双顶模式有三个重要的元素：

颈线

颈线是连接两个山峰的最底部的线，颈线标志着模式的结束和开始。颈线用于确定回撤的级别。回撤级别下面会提到。

回撤

在市场跌破颈线后，市场应该会有再一次突破颈线的尝试，但是市场并不会继续升高，因为卖方会在这个时刻重新进入市场并持续做空。因此回撤位是在确认了双峰以后理论上最佳的卖出时机。

潜力点

潜力点是双顶模式的止盈点。寻找潜力点时，我们先计算从形态的顶部到颈线的距离，然后把这个距离向下延伸，得出的点就是止盈点（目标价位）。

双顶模式或者双底模式大小各异，一般而言，它们应该对市场的交易者足够显著，这样它们的影响力才足够大。理论上讲，这个模式的心理解释是，随着第二个顶部或者底部的出现，市场已经不能把价格推到比第一个高峰更高的位置，因此市场展露了疲态，而这个疲态正可能被卖方利用。

其他一些模式天生就更加客观，例如，它们有更明确的检测和初始规则。这些模式全都基于客观的条件，不受分析师主观判断的影响。这一点有助于这些模式的回测和评估。

在结束这个引言章节前，我想要指出关于技术分析的一些误解和技术分析的最佳实践，这样你能够正确地开始学习使用技术分析。

3.4 技术分析领域常见的陷阱

技术分析虽然简单，也可能被误用，对于技术分析的误用引发了对于其作用，和技术分析相对于基本面分析的地位的无休止的争论。重要的是，我们要对技术分析有合理的期望，并且始终理性思考。这一节将讨论那些你必须避免的技术分析的陷阱，回避这些陷阱有助于提升你在金融丛林的生存率。

3.4.1 想要快速致富

这个陷阱主要是心理上的，陷入这个陷阱的人缺乏纪律，管理不善。想要尽快在社会上成功的需求，促使着交易者在交易和交易相关的事件上做出情绪化的，糟糕的决定。

陷入这个陷阱也与赚钱的需求有关，如果你相信新的策略可以更快地帮助你积累财富，你就很有可能频繁地改变你的交易策略。

如果你对自己不够自信并且认为别人比你更能挣钱，你就很有可能跟随别人，特别是当他们提供了非常丰富的信息的时候。除你之外，没有任何人可以改变你的未来。

3.4.2 强行解读模式

强行解读模式是一种心理缺陷，也被称为确认偏见，它阻止交易者看到与他们已经建立的观点相矛盾的信号。

有些时候，你对一些市场有一个初始的认知，因此，你会开始寻找与这个认知相符的一切事实，这会强行让本不存在的模式存在，即使没有证据去证明它们。

对待你的分析和策略要素时，你需要永远保持中立并最大限度地保持客观。当然，说总比做简单，完全中立的另一种最好的可行方式是使用算法化的方法，但是这种方式往往缺少人工的智慧。

3.4.3 "后见之明"偏见，梦想的破灭者

技术分析在历史数据上表现得很好。哪怕是只是用非常基础的策略，一切都

看上去显而易见且易于预测，但是当你将技术分析应用在现实中时，你的大脑总是会让你去相信，过去的经验非常有预测性，而这会导致欺骗性的结果。

这也就是为什么回测的结果总是好于前向测试。当你看着过去的数据的模式并且认为它们很容易被发现时，你正在陷入"后见之明"偏见。为了解决这个问题，你需要使用无偏的算法进行回测。只有这样，你才能确切地知道这个模式是否能带来价值。许多交易者总是陷入这样的陷阱，他们只是对过去的数据简单分析就决定了他们策略的有效性，但这些策略实际上无效。我在第 12 章中更深入地讨论了这些偏见。

3.4.4 假设过去的事件一定会导致相同的未来结果

你一定听过这样一句话"历史不会重复，历史总是惊人的相似"。这句话对理解市场运作的方式至关重要。当你应用技术分析时，不应该期望从过去的信号和模式中获得完全相同的结果。相反，你应该将它们当作参考，把它们当作概率性的要素，这些要素表明市场可能会产生类似的反应，而这可以与过去的市场反应相关联。

交易是一场数字游戏，你必须把砝码尽可能地放在你这一边。人们在遇到相同事件时总会做出相同的反应。但是，不同的参与者在买入和卖出的事件中进进出出，他们的动机总在变化。当市场遇到与过去类似的模式时，你可以确定市场的未来反应不会和过去一模一样，尽管它可能会与过去类似。这意味着，市场的反应从总体而言，可能与过去是相关的。

也就是说，当你看到一个明确的模式时，不要期待你可以完美地把握市场时机。

3.4.5 不必要地把事情变得复杂

另一句话是，"应该把一切都变得尽量简单，但不要过于简单。"这句话完美描述了你应当如何做研究和交易。

金融市场是高度复杂和半随机的环境，简单的策略远远不足以掌握金融市场，但策略也不应过于复杂，以至于陷入过拟合的陷阱。过拟合是一个常见的问题，交易者完美地预测过去并假设未来会完全相同，因此在过去实现了巨大的纸面收益，但在未来却遭受了巨大的实际亏损。

3.5 技术分析的最佳实践

当你滥用某些方法时，你往往会回避责备自己，而是安慰自己的自尊心，减轻自己的责任。让我们列举一些最佳实践，优化你在技术上分析市场的方式：

3.5.1 利用多个不同的时间周期

许多分析师和交易者只关注短期的市场走势。例如，在小时图上寻找交易机会，而忽略了日线图的市场配置。一个严格的规则是，较长时间周期（周线和月线）总是比较短时间周期更为重要，这意味着如果在更高的时间周期上存在坚实的阻力，即使在短时间周期上看到了看涨的配置，也不应该考虑在该水平附近买入。

你之所以应该这样做是为了遵循"星体对齐"原则，这一原则表明，彼此互相确认的元素越多，你对成功交易的概率就越有信心。一个良好的分析框架至少在三个不同的时间周期上进行市场分析，从较长的时间视角开始逐步缩短。

3.5.2 使用多种策略和指标

一些分析师认为，图表分析比指标或模式更有效，而其他人持相反意见。最佳解决方案是同时使用三者来创建一个策略，结合各种分析类型中的最佳的形态。当你有多个选择时，为什么只使用一种？记住，这是一个数字游戏，你需要尽可能多的意见。

3.5.3 针对当前市场环境使用正确类型的策略

如前所述，市场倾向于趋势或横盘。两种主要类型的策略可以被分类为反向操作或趋势跟随，前者依赖于均值回归的概念（抵消总体走向），后者依赖于动量原则（跟随总体走向）。

在选择要采用的策略之前，你必须知道市场是趋势还是横盘，这可以通过使用移动平均线或其他趋势识别技术来完成。

总而言之，不要在强劲趋势的市场中使用反向操作策略，也不要在横盘市场中使用趋势跟随策略。这说起来容易，但实际上非常困难，估计当前和下阶段市场的机制是非常困难的。

3.5.4 不要低估默认参数

默认参数实际上并不像人们所描绘的那样可怕，有一个显而易见的原因：大多数交易者和分析师使用默认参数。

以相对强度指数（RSI）为例。可以说，采用相同的策略时，使用 14 个周期作为回看窗口的默认版本可能比使用 55 个周期的版本更可靠。这是因为比起使用 55 个周期的版本，更多的人会使用默认版本并基于它做出决策。

在交易中的一个关键点是确保你所看到的格局可以被其他参与者看到，这样你就能最大化交易成功的概率。这并不是说你必须使用与其他人完全相同的技术，但有时不要对指标进行过多调整，可能会有所帮助。

第 4 章

经典趋势跟随模式

趋势跟随是一个看似简单却又复杂的概念。如果我们不考虑市场时机，而只
是跟随市场，这或许是容易的，但在现实中，这样做可能非常具有挑战性，
因为有众多的随机因素在影响着价格。一个持续上升的市场可能因为经济或
是政治事件变得不稳定，但是随后市场又开始平滑地上升，这会让那些在波
动的海啸中止损，并退出交易的交易者非常混乱。

本章包含了经典的（在技术分析的世界已经广为人知的）趋势跟随 K 线图模
式，这些或复杂或简单的模式在技术分析刚兴起的时候就已经出现，很多初
级和高级的技术分析课程也在教授这些模式。本章的目的是创建探测这些模
式的客观条件，并且对这些模式进行回测，这样你就能对这些模式的频率和
预测性有一个初步的意见。有些模式可能时长出现，有些模式则偶尔才出现，
而这些罕见的模式会比较难以恰当地评估。

正如前面所述，我们进行回测模式的方式这样的：在上一个收盘价验证完信
号后，我开始在下一个开盘价买入或卖出。在本书中，回测使用小时级别的
时间框架。

4.1 Marubozu 模式

第一个经典的趋势跟随模式是 Marubozu 模式。这个词在日语中指的是秃顶或剃得很短的头发，你很快就会明白其中的原因。

区分 Marubozu K 线和普通的 K 线比较简单，因为 Marubozu K 线没有影线。这意味着 Marubozu 的阳线的开盘价和最低价相等，相反地，对于 Marubozu 的阴线，它的开盘价和最高价相等，收盘价和最低价相等。图 4-1 展示了这两个模式的 Marubozu K 线图。

图 4-1：左侧，一个看涨的 Marubozu K 线图；右侧，一个看跌的 Marubozu K 线图

Marubozu 模式通常发生在较短的时间框架内，因为 K 线在短时间内不足以有足够的波动并且超过其开盘价和收盘价范围。这一点可以通过分析 1 分钟和 5 分钟的 K 线图，并把它们和日线图相比较而知。

 当开盘价和收盘价相隔的时间较短时，K 线图更有可能呈现 Marubozu 模式。

在你使用任何模式前，你必须理解这些模式存在的原因。毕竟，模式不是随随便便被发现的，它们的背后必然有基本的理论。更重要的是，你需要知道，在验证完某个模式后，为什么你可以期待市场会有特定的反应。

答案隐藏在市场心理学背后，市场心理学在各处留下蛛丝马迹，经验丰富的、专注的交易者们能够抓住这些线索，从而跟随或者是对抗当前市场走向。

当市场处在强劲的上升趋势时，它很少让最低价低于开盘价，而且由于对基础证券的强烈需求，市场通常会在高位附近收盘。在一根 K 线上，需求侧的强大力量表现为 K 线的最低价不低于开盘价，并且在最高价处收盘，这正是 Marubozu 阳线所体现的。当一项资产以最高价收盘时，这是一个买方需求强烈的信号，当没有最低价低于开盘价时，你应该更有信心认为没有人有兴趣卖出，因为没有人能够将价格推低至其开盘价以下。

同样地，当市场处于强劲的下跌趋势中时，它很少让最高价高于开盘价，通常，由于对基础证券的过量供应压力，市场会在最低价附近收盘。一根 K 线上供给侧的强大力量表现为 K 线的最高价不高于开盘价，并且在最低价处收盘，正如 Marubozu 阴线所示。

 牛市 Marubozu K 线图是牛市活动最有力的证明，熊市 Marubozu K 线图是熊市活动最有力的体现。

在那些使用了过多的小数点位数的市场中，发现 Marubozu 模式十分困难，因为发现两个数相等的概率会变低。举个例子，在货币市场中，如果你在欧元兑美元 (UERUSD) 上使用 5 位小数，你很快就会发现，你很可能没法再找到 Marubozu 模式了，但是，如果你还是使用传统的，精度稍低的 4 位小数（见第 2 章），你会更容易见到 Marubozu 模式。这一点在所有市场中都适用，因此，为了能够分析 Marubozu 模式，你需要对小数位数做一点改动。

图 4-2 展示了使用了下列取整函数的美元兑法郎 (USDCHF) 的图表：

```
my_data=rounding(my_data,4)
```

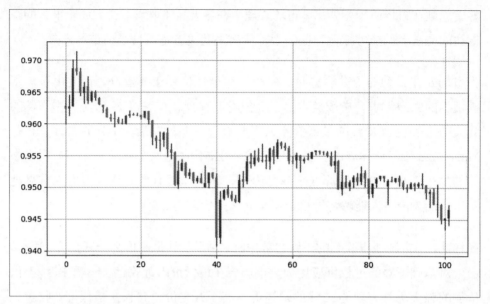

图 4-2：美元兑法郎 (USDCHF) 的 K 线图

下一步就是编写信号检测函数了。

信号检测函数是算法的核心，因为它负责找到模式，并按时间顺序标记这些模式，然后，信号检测函数根据对应条件输出买入和卖出信号。

从算法的角度讲，确认 Marubozu 模式有下面情形：

- 如果收盘价高于开盘价，最高价等于收盘价，并且最低价等于开盘价，那么在下一行的买入信号列填入 1。

- 如果收盘价低于开盘价，最高价等于开盘价，并且最低价等于收盘价，那么在下一行的卖出信号列填入 –1。

在 Python 中，使用下面的语句来编写 Marubozu 信号函数：

```python
def signal(data, open_column, high_column, low_column, close_column,
           buy_column, sell_column):

    data = add_column(data, 5)
```

```
for i in range(len(data)):

    try:

        # 看涨模式
        if data[i, close_column] > data[i, open_column] and
           data[i, high_column] == data[i, close_column] and \
           data[i, low_column] == data[i, open_column] and
           data[i, buy_column] == 0:

                data[i + 1, buy_column] = 1

        # 看空模式
        elif data[i, close_column] < data[i, open_column] and
             data[i, high_column] == data[i, open_column] and \
             data[i, low_column] == data[i, close_column] and
             data[i, sell_column] == 0:

                data[i + 1, sell_column] = -1

    except IndexError:

        pass

    return data
```

图 4-3 展示了根据上述函数生成的信号，在欧元兑美元 (EURUSD) 上进行的
交易。

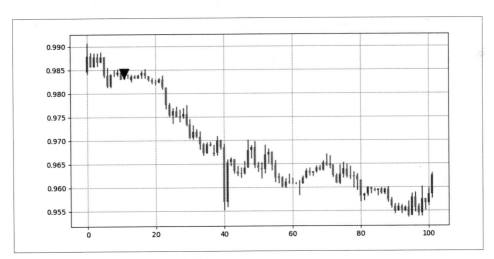

图 4-3：欧元兑美元 (EURUSD) 的信号图

向上的箭头表示买入信号，向下的箭头则表示卖出信号。图 4-4 展示了另一个基于美元兑法郎 (USDCHF) 的信号图。

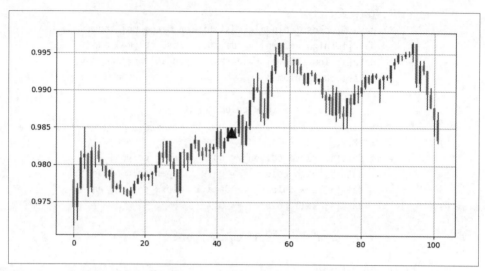

图 4-4：美元兑法郎 (USDCHF) 的信号图

现在，让我们来使用第 2 章讨论的业绩评估指标来回测发现的 Marubozu 模式。

表 4-1 展示了 Marubozu 模式的业绩评估。业绩评估的交易条件如下：

- 在当前周期的收盘价确认信号后，在下个周期的开盘价入场。

- 在得到任一个方向的另一个信号后（看涨或看跌），立即离场。

- 在业绩评估指标中忽略交易成本。

- 不使用风险管理系统。

 风险管理系统使用或简单或复杂的交易管理技术来控制最大损失和盈利。

表 4-1：Marubozu 模式：业绩汇总表

资产	命中率	盈利因子	风险收益比	交易信号数
EURUSD	47.14%	1.06	1.19	963
USDCHF	47.01%	0.95	1.07	1355
GBPUSD	47.27%	0.79	0.89	605
USDCAD	49.06%	0.99	1.03	958
BTCUSD	47.81%	1.38	1.51	433
ETHUSD	39.76%	0.93	1.41	3687
GOLD	43.33%	0.96	1.25	8443
S&P500	41.92%	0.66	0.91	260
FTSE100	50.00%	1.09	1.09	90

回测表明 Marubozu 模式较为罕见，而且似乎没有带来很大收益。命中率表明所有的预测都是随机的。50% 上下的命中率表明你正确和错误的概率相等。

同样的，盈利因子表明，你几乎无法产生足够的毛利来弥补毛损失，如果我们计入交易成本，这种情况会更严重。一个接近 1 的盈利因子是不显著的，也不大可能给更多信息来判断这个模式的表现好坏。

如果你分析，根据上述的 Marubozu 模式来进行交易所带来的风险，你会发现这个策略是随机的，这个模式的平均风险收益比在 1 左右，也就是说你冒着损失 1 美元的风险去赚取 1 美元，你可能挣，也可能亏。最后，虽然这个模式的信号并不是十分频繁，但还超过了 30 的门槛，我们仍可对此模式进行统计学上的解读。

总而言之，只使用 Marubozu 模式不太可能带来盈利的策略。然而，在上述对 Marubozu 模式回测中，有几点值得注意：

- 在上面的回测中，仓位的建立仅依赖于一个模式，这个模式并没有和其他信号确认指标结合使用。大多数时候，模式和其他技术和指标结合起来效果会更好。

- 回测的资产范围有限，因此，Marubozu 模式有可能的在其他市场上表现良好。

- 回测的时间框架有限，因为结果仅反映了 Marubozu 模式在小时级别的框架的表现。请记住，还存在其他时间框架，如五分钟、日线和周线。

- 在上面的回测中，何时退出是一个变量，它依赖于下一个买入／卖出信号，而下一个买入／卖出信号可能会在很长一段时间后出现，其他的退出技术可能更合适，比如固定的退出策略，或者基于市场波动的退出技术。

4.2 三 K 线模式

三 K 线模式是一种趋势确认配置，信号是在市场出现三根颜色相同的 K 线后产生的，这三根 K 线都有一个最小尺寸要求。一个牛市的三 K 线形态也被称为"三白兵"，它由三根大的阳线组成，每根的收盘价都高于前一根。相反，一个熊市的三 K 线形态被称为"三黑鸦"，它由三根大的阴线组成，每根的收盘价都低于前一根。

 在过去，黑色的 K 线图表示熊市，白色的 K 线图代表牛市，三白兵和三黑鸦的命名由此而来。

图 4-5 展示了三白兵模式。请注意每个 K 线的收盘价都高于前一根 K 线的收盘价。

图 4-6 展示了三黑鸦模式。请注意每根 K 线的收盘价都低于前一根 K 线的收盘价。

三 K 线模式的直觉相当简单。它源于一种被称为"群集"的心理偏见，在这种情形下，市场的参与者们跟随着市场的趋势，这仅仅因为别人也这么做。但这并不意味着这个模式是基于人类的缺点，或者说这个模式缺乏过于随意。这个模式只是表明了一种在人类中常见的行为，即人类倾向于跟随整体趋势。

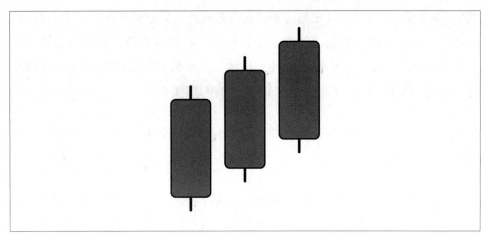

图 4-5：三白兵模式

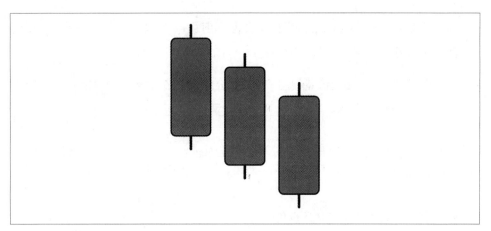

图 4-6：三黑鸦模式

 人们跟随着最新的潮流趋势，因为这样做会带来心理上的奖励。跟随趋势的交易者们跟随最新的趋势，因为他们相信这样做会带来经济上的收益，或者是因为他们有一种"害怕错过"的心理。

在金融领域中，"群集"可以被定义为：为了从当前的长久走向中尽可能地获利而跟随主流的行为。

因此，实际上，"群集"就是趋势跟随。当你看到三个走势一样的巨大 K 线时，你通常会将之解释为充满了动力，信心和决心的健康走势，这样的走势会在一个方向持续下去。如果把这三根大 K 线与三根代表着怯懦走势的小 K 线相比，这些小 K 线偶代表市场在牛市和熊市间的摇摆不定。

人类总是被自信和力量所吸引，并且更有可能跟随这样的事物。健康的三 K 线图正是力量和自信的体现。

找到三 K 线模式是简单的，但是找到三 K 线模式必须要有复杂的计算规则，这些计算规则远不止要求三只同样颜色的大 K 线，否则的话，你会找到很多信号。从算法上讲，三 K 线模式的条件如下：

- 如果最近的三个收盘价都高于该收盘价前面一个收盘价，且每一个 K 线都满足最小尺寸要求[注1]，那么在下一行的买入信号列填入 1。

- 如果最近的三个收盘价都低于该收盘价前面一个收盘价，且每一个 K 线都满足最小尺寸要求，那么在下一行的卖出信号列填入 –1。

K 线的尺寸是指收盘价和开盘价的差值的绝对值。因此，为了找到 K 线的尺寸，可以用下面的数学公式：

$$K 线尺寸_i = | 收盘价_i - 开盘价_i |$$

```
def signal(data, open_column, close_column, buy_column, sell_column):

    data = add_column(data, 5)

    for i in range(len(data)):

        try:

            # 看涨模式
            if data[i, close_column] - data[i, open_column] > body and \
               data[i - 1, close_column] - data[i - 1, open_column] > \
               body and data[i - 2, close_column] - \
```

注1： 请记住，三 K 线模式包含三根大 K 线，因此，在代码中，你必须保证这三根 K 线都满足最小尺寸要求。

```
        data[i - 2, open_column] > body and data[i, close_column] > \
        data[i - 1, close_column] and data[i - 1, close_column] > \
        data[i - 2, close_column] and data[i - 2, close_column] > \
        data[i - 3, close_column] and data[i, buy_column] == 0:

            data[i + 1, buy_column] = 1

    # 看跌模式
    elif data[i, close_column] - data[i, open_column] > body and \
        data[i - 1, close_column] - data[i - 1, open_column] > \
        body and data[i - 2, close_column] - \
        data[i - 2, open_column] > body and data[i, close_column] \
        < data[i - 1, close_column] and data[i - 1, close_column] \
        < data[i - 2, close_column] and data[i - 2, close_column] \
        < data[i - 3, close_column] and data[i, sell_column] == 0:

            data[i + 1, sell_column] = -1

except IndexError:
    pass
```

这个函数实现了之前讨论的判断条件，进而生成买入和卖出信号。K 线的尺寸实际上可能在某种程度上影响这种模式的客观性，因为 K 线的尺寸受到波动的影响。理论上讲，三 K 线模式只是把 K 线定义为"大"，但并没有说明这个"大"应该如何随实际情况调整。因此，我使用了固定的值，这个值取决于当前资产和所使用的时间框架（小时级别时间框架）。表 4-2 显示了三 K 线模式的 K 线尺寸的总结。

图 4-2：K 线尺寸的选择

资产	尺寸	类别
EURUSD	0.0005	USD
USDCHF	0.0005	CHF
GBPUSD	0.0005	USD
USDCAD	0.0005	CAD
BTCUSD	50	USD
ETHUSD	10	USD
GOLD	2	USD
S&P500	10	Points
FTSE100	10	Points

你也可以根据市场波动来调节变量尺寸，但是我会向你展示另一个需要根据市场波动而调节的模式。现在我不会对经典模式的理论条件做出改动，让我们把创造性留给第 5 章和第 7 章中的现代模式。

图 4-7 展示了欧元兑美元 (EURUSD) 的信号图。

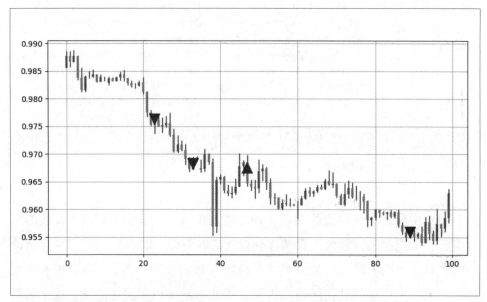

图 4-7：欧元兑美元 (EURUSD) 的信号图

表 4-3 展示了三 K 线模式的业绩汇总。

表 4-3：三 K 线模式：业绩汇总表

资产	命中率	盈利因子	风险收益比	交易信号数
EURUSD	61.45%	1.05	0.66	2672
USDCHF	62.04%	0.98	0.60	2005
GBPUSD	61.53%	0.96	0.60	3611
USDCAD	60.97%	0.97	0.62	2844
BTCUSD	62.30%	1.00	0.61	1085
ETHUSD	61.22%	0.96	0.61	392
GOLD	61.11%	1.04	0.66	828
S&P500	65.99%	1.10	0.57	741
FTSE100	64.54%	0.97	0.53	1018

虽然从结果上看，相对来说，三 K 线模式有着比 Marubozu 模式更高的命中率，但你必须小心，因为命中率作为一个孤立指标并不是十分有用。为了理解三 K 线模式的预测性是否真的能盈利，你必须同时去看风险收益比。

首先，你会发现，三 K 线模式的风险收益比相当低，在 0.53~0.66 之间，这是一个警告信号，表明了命中率本身一点也不具说服力。事实上，从表上看，三 K 线模式甚至不足以产生一个积极结果。

4.3 Tasuki 模式

Tasuki 模式是一种趋势确认配置，在 Tasuki 模式中，市场在经过一段缺口后，给出了当前趋势可持续的信号，在我继续介绍剩下的内容之前，你需要知道什么是缺口。

缺口是价格行为里很重要的一部分。它出现的频率在不同的市场各不相同。例如，在货币市场中，缺口通常发生在周末后或有重大公告时的零售市场开盘时。在股票市场中，缺口通常出现在两个日期之间。

缺口是两个相邻收盘价间的不连续或者空白，缺口主要是由低流动性导致的。当市场从以 100 美元突然变成以 102 美元交易，直接跳过了 101 美元，这就会形成一个看涨缺口。在图表中，我们可以看到两个 K 线之间有一个价格空白。图 4-8 展示了看涨缺口。请注意 K 线之间的空白。

缺口可能由基本面或者技术侧的原因产生，但无论缺口出现的原因是什么，你都应当对如何识别缺口并且如何根据缺口做交易充满兴趣。在货币市场中，可见的缺口总是发生在周末。图 4-9 展示了一个看跌缺口。

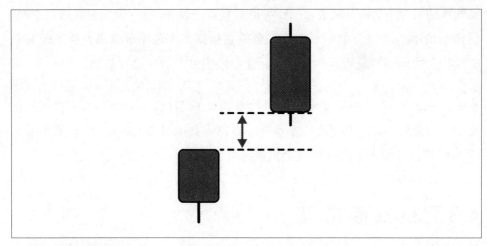

图 4-8：看涨缺口

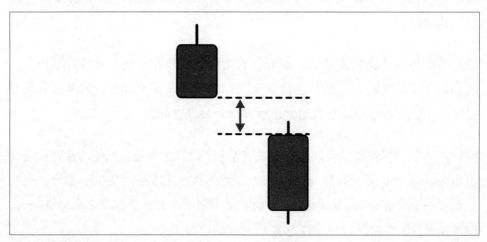

图 4-9：看跌缺口

有许多类型的缺口，由于事后偏见（一种认知偏见，使分析师在已经知道结果的情况下，高估技术的预测能力），这些类型的缺口很难归类：

普通缺口

普通缺口一般发生在横盘市场。由于市场的均值回归，这些缺口很有可能被填补。

脱离缺口

脱离缺口很像普通缺口，但是脱离缺口通常发生在阻力位上方或者支撑位的下方。它们预示着新的市场趋势的加速。

暴涨缺口

暴涨缺口发生在市场趋势中，他进一步确认了市场趋势；因此暴涨缺口是一种延续模式。

耗尽缺口

耗尽缺口一般发生在趋势的尽头，或者发生在靠近支撑位或阻力位的位置。通常，它是一种反转模式。

当缺口发生时，没有一种明确的方法来判断这是哪一种缺口，但是对于探测Tasuki 模式，判断缺口类型并不重要。Tasuki 模式是以一种用于固定日本和服的配饰命名的，但为什么以这种配饰命名尚不清楚。

一个看涨的 Tasuki 模式包含了三根 K 线，第一根 K 线是一根阳线，第二根 K线也是一根阳线，两根 K 线之间存在缺口，第三根 K 线是阴线，但是其收盘价不低于第一根 K 线的收盘价。

图 4-10 展示了一个看涨的 Tasuki 模式。

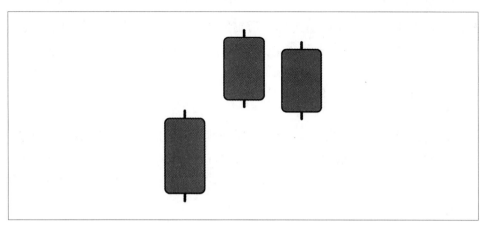

图 4-10：一个看涨的 Tasuki 模式

一个看跌的 Tasuki 模式（见图 4-11）是一个看涨的 Tasuki 模式的镜像。看跌的 Tasuki 模式包含三根 K 线，第一根是阴线，第二根也是阴线，两根 K 线之间存在缺口，第三根 K 线是阳线，但是它的收盘价不高于第一根 K 线的收盘价。

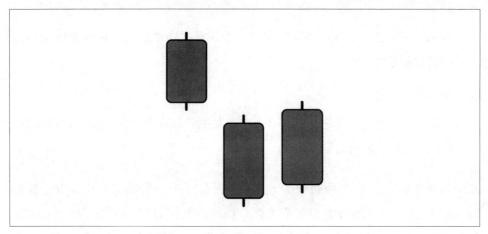

图 4-11：一个看跌的 Tasuki 模式

Tasuki 模式的直觉与突破原则有关，任何时候，当市场突破了一定的界限，不论是支撑位还是阻力位，在市场回到初始走向前，总会有一股引力将市场拉回阈值范围。

当你看到市场向上跳空，随后出现一根不太可能弥补这个缺口的阴线时，这可能是卖方不够强大，不足以主导市场的信号，因而市场产生了看涨偏向。相似地，当你看到市场向下跳空，随后出现一根不太能弥补这个缺口的阳线，这可能说明了买方不够强大，不足以主导市场，因而市场产生可看跌偏向。

算法上，Tasuki 模式的条件如下：

- 如果两个周期前的收盘价高于两个周期前的开盘价，一个周期前的开盘价高于两个周期前的收盘价，一个周期前的收盘价高于一个周期前的开盘价，并且当前的收盘价高于两个周期前的收盘价，则在下一行的买入信号列填入 1。

- 如果两个周期前的收盘价低于两个周期前的开盘价，一个周期前的开盘价低于两个周期前的收盘价，一个周期前的收盘价低于一个周期前的开盘价，并且当前的收盘价低于两个周期前的收盘价，则在下一行的卖出信号列填入 –1。

```python
def signal(data, open_column, close_column, buy_column, sell_column):

    data = add_column(data, 5)

    for i in range(len(data)):

        try:

            # 看涨模式
            if data[i, close_column] < data[i, open_column] and \
               data[i, close_column] < data[i - 1, open_column] and \
               data[i, close_column] > data[i - 2, close_column] and \
               data[i - 1, close_column] > data[i - 1, open_column] and \
               data[i - 1, open_column] > data[i - 2, close_column] and \
               data[i - 2, close_column] > data[i - 2, open_column]:

                    data[i + 1, buy_column] = 1

            # 看跌模式
            elif data[i, close_column] > data[i, open_column] and \
                 data[i, close_column] > data[i - 1, open_column] and \
                 data[i, close_column] < data[i - 2, close_column] and \
                 data[i - 1, close_column] < data[i - 1, open_column] and \
                 data[i - 1, open_column] < data[i - 2, close_column] and \
                 data[i - 2, close_column] < data[i - 2, open_column]:

                    data[i + 1, sell_column] = -1

        except IndexError:

            pass

    return data
```

是时候来讨论 Tasuki 模式的回测结果了（见表 4-4）。请记住，Tasuki 模式较为罕见，你应该对回测结果持有统计学上的怀疑。

表 4-4：Tasuki 模式业绩汇总表

资产	命中率	盈利因子	风险收益比	交易信号数
EURUSD	58.06%	0.97	0.70	31
USDCHF	59.46%	1.92	1.31	37
GBPUSD	48.72%	0.93	0.98	39
USDCAD	40.00%	0.61	0.91	40
BTCUSD	53.57%	0.89	0.77	56
ETHUSD	50.00%	1.03	1.03	30
GOLD	51.49%	1.01	0.95	101
S&P500	36.36%	0.33	0.58	11
FTSE100	50.00%	1.56	1.56	14

回测结果验证了最初的猜想：Tasuki 模式相当罕见。在 10 年的时间里，按小时统计欧元兑美元（EURUSD）的值，Tasuki 模式只出现了 31 次，频率是相当低的。

罕见模式的问题在于，我们不清楚它们是怎么进入教材的，因为没有足够的数据来分析基于模式交易的结果和可预测性。

总体来看，回测的结果总体是负面的，我们无法证明结果在统计学上的健壮性，因为 Tasuki 模式出现的次数过少。Tasuki 模式也许有着逻辑上的直觉，但它缺乏坚实的数据支撑。

4.4 三法模式

三法模式是一个复杂的配置，它由 5 根 K 线组成。上升的三法模式发生在看涨趋势里，在这样的模式中，第一根 K 线会是一根尺寸较大的阳线，接下来的三根 K 线会是三根尺寸较小的阴线，它们的价格范围会被包含在第一根 K 线的价格范围里。为了确认这个模式，最后一根阳线的收盘价必须高于第一根 K 线的最高价。这就像是小幅盘整的看涨突破一样。

图 4-12 展示了上升的三法模式。

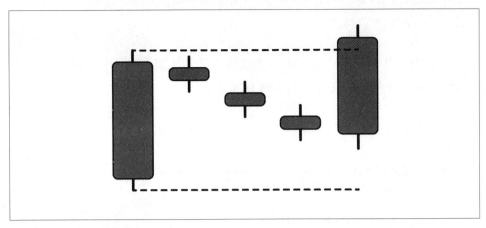

图 4-12：上升的三法模式

下降的三法模式发生在看跌趋势里，在这样的模式里，第一根 K 线会是一根尺寸较大的阴线，接下来的三根 K 线会是三根尺寸较小的阴线。它们的价格范围会被包含在第一根 K 线的价格范围里。为了确认这个模式，最后一根阴线的收盘价必须低于第一根 K 线的最低价。这就像是小幅盘整的看跌突破一样。图 4-13 展示了下跌的三法模式。

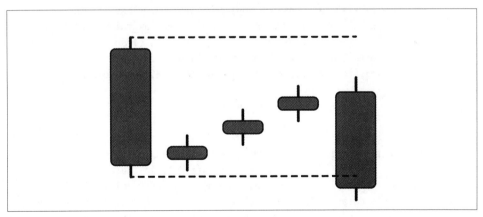

图 4-13：下跌的三法模式

从心理学上讲，三法模式与"超越"或者"突破"的概念有关，这种"超越"

或"突破"是对初始走势的确认。交易者通常会将价格推高，直到开始获利并因此平仓。这种操作对价格有一个平滑的影响，并且这个操作有助于在修正或盘整阶段稳定价格。

如果最初的交易者重新开始他们的买卖活动，并成功突破盘整的范围，那么你就可以有一定的信心认为当前走势会继续。

三法模式 K 线图的信号检测函数可以用下面的代码实现：

```python
def signal(data, open_column, high_column, low_column, close_column,
           buy_column, sell_column):

    data = add_column(data, 5)

    for i in range(len(data)):

        try:

            # 看涨模式
            if data[i, close_column] > data[i, open_column] and\
               data[i, close_column] > data[i - 4, high_column] and\
               data[i, low_column] < data[i - 1, low_column] and\
               data[i - 1, close_column] < data[i - 4, close_column] and\
               data[i - 1, low_column] > data[i - 4, low_column] and\
               data[i - 2, close_column] < data[i - 4, close_column] and\
               data[i - 2, low_column] > data[i - 4, low_column] and\
               data[i - 3, close_column] < data[i - 4, close_column] and\
               data[i - 3, low_column] > data[i - 4, low_column] and\
               data[i - 4, close_column] > data[i - 4, open_column]:

                    data[i + 1, buy_column] = 1

            # 看跌模式
            elif data[i, close_column] < data[i, open_column] and\
                 data[i, close_column] < data[i - 4, low_column] and\
                 data[i, high_column] > data[i - 1, high_column] and\
                 data[i - 1, close_column] > data[i - 4, close_column] and\
                 data[i - 1, high_column] < data[i - 4, high_column] and\
                 data[i - 2, close_column] > data[i - 4, close_column] and\
                 data[i - 2, high_column] < data[i - 4, high_column] and\
                 data[i - 3, close_column] > data[i - 4, close_column] and\
```

```
              data[i - 3, high_column] < data[i - 4, high_column] and\
              data[i - 4, close_column] < data[i - 4, open_column]:

                  data[i + 1, sell_column] = -1

      except IndexError:

          pass

   return data
```

图 4-14 展示了美元兑加拿大元（USDCAD）的信号图。

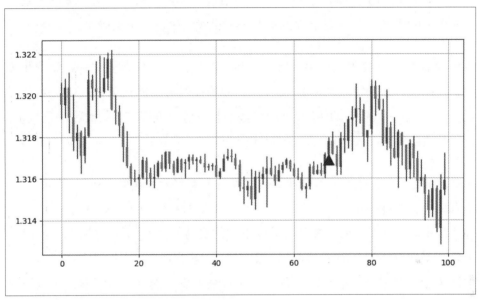

图 4-14：美元兑加拿大元（USDCAD）的信号图

三法模式极其罕见，并且三法模式本身并不能带来价值。回测的结果表明，即便让条件变得宽松，我们也只能生成少量信号。因此，这个模式仍然保有其神秘性。

来自不同数据提供商的一些历史数值可能不完全相同，因此你可能看到在一些数据提供商的数据上已经验证过的模式在另一个数据提供商的数据中并不存在。这也就解释了当我们更换提供商和经纪商时回测的结果会稍有差异。

4.5 Hikkake 模式

Hikkake 是日语动词，意为"欺骗"或"设陷阱"，这个模式指的就是实际的陷阱。这个模式较为复杂，并且包含了大约 5 根 K 线，K 线的数目不同的资料上有所不同（有些研究只是表明 Hikkake 由多个 K 线组成，但是并未说明的 K 线的数量）。

看涨的 Hikkake 模式（见图 4-15）以一根阳线为开始，随后跟着一根范围完全在第一根 K 线之内的阴线。接下来的两根 K 线，它们的最高价不能高于第二根 K 线的最高价。最后是一根较大的阳线，这根 K 线的收盘价要高于第二根 K 线的最高价。这就是看涨的 Hikkake 模式的验证和上涨确认。

看跌的 Hikkake 模式以一根阴线为开始，随后跟着一根范围完全在第一根 K 线之内的阳线。接下来的两根 K 线，它们的最低价不能低于第二根 K 线的最低价。最后是一根较大的阴线，这根 K 线的收盘价要低于第二根 K 线的最低价。这就是看跌的 Hikkake 模式的验证和上涨确认。

Hikkake 模式在心理学上不难理解，尽管这个模式天生就很主观。"诱捕"这个术语来自这样一个事实：从历史上看，一个看涨的 Hikkake 模式，对于那些认为市场正在经历阻力并且会继续下跌的交易者来说，是一个看跌的陷阱。因此，当你看到最终的 K 线突破了高点并验证了配置时，你可以相当有信心地认为会有更多力量涌现。这是因为止损被触发，而且交易者看到市场正在突破阻力，从理论上讲这是一个强烈的看涨信号。

一个看跌的 Hikkake 模式（见图 4-16）可以被看作一个看涨陷阱，对于那些认为市场已经见底，现在应该回弹的交易者而言。因此，当你看到最终的 K 线打破了最低价并验证了配置时，你可以开始改变你的偏见。

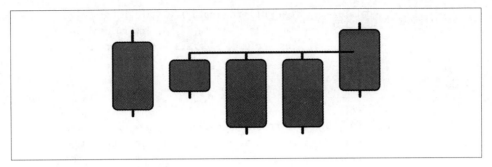

图 4-15：看涨的 Hikkake

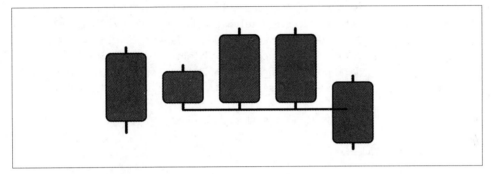

图 4-16：看跌的 Hikkake

Hikkake 的信号检测函数如下：

```
def signal(data, open_column, high_column, low_column, close_column,
           buy_signal, sell_signal):

    data = add_column(data, 5)

    for i in range(len(data)):

        try:

            # 看涨模式
            if data[i, close_column] > data[i - 3, high_column] and \
               data[i, close_column] > data[i - 4, close_column] and \
               data[i - 1, low_column] < data[i, open_column] and \
               data[i - 1, close_column] < data[i, close_column] and \
               data[i - 1, high_column] <= data[i - 3, high_column] and \
               data[i - 2, low_column] < data[i, open_column] and \
               data[i - 2, close_column] < data[i, close_column] and \
               data[i - 2, high_column] <= data[i - 3, high_column] and \
```

```
        data[i - 3, high_column] < data[i - 4, high_column] and \
        data[i - 3, low_column] > data[i - 4, low_column] and \
        data[i - 4, close_column] > data[i - 4, open_column]:

            data[i + 1, buy_signal] = 1

    # 看跌模式
    elif data[i, close_column] < data[i - 3, low_column] and \
        data[i, close_column] < data[i - 4, close_column] and \
        data[i - 1, high_column] > data[i, open_column] and \
        data[i - 1, close_column] > data[i, close_column] and \
        data[i - 1, low_column] >= data[i - 3, low_column] and \
        data[i - 2, high_column] > data[i, open_column] and \
        data[i - 2, close_column] > data[i, close_column] and \
        data[i - 2, low_column] >= data[i - 3, low_column] and \
        data[i - 3, low_column] > data[i - 4, low_column] and \
        data[i - 3, high_column] < data[i - 4, high_column] and \
        data[i - 4, close_column] < data[i - 4, open_column]:

            data[i + 1, sell_signal] = -1

except IndexError:

    pass

return data
```

图 4-17 展示了在欧元兑英镑 (EURGBP) 上产生的信号。从图上可以清楚地看到，Hikkake 模式比较罕见，并且回测结果不是很有意义。

因为 Hikkake 模式比较罕见，我们没有足够有效的数据来恰当地验证这个模式。当然，我们可以把条件放宽，这样可以产生更多信号，但是理论上，你应该把这样产生的信号取个新名字，如果你这样做了。表 4-5 总结了 Hikkake 的性能。

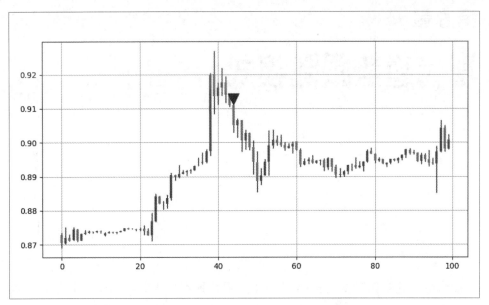

图 4-17：欧元兑英镑 (EURGBP) 的信号图

表 4-5：Hikkake 模式：业绩汇总表

资产	命中率	盈利因子	风险收益比	交易信号数
EURUSD	44.83%	0.94	1.16	116
USDCHF	47.66%	0.74	0.81	107
GBPUSD	49.57%	1.55	1.57	115
USDCAD	55.14%	0.84	0.68	107
BTCUSD	56.96%	1.18	0.89	79
ETHUSD	60.00%	1.24	0.82	50
GOLD	51.81%	1.14	1.06	166
S&P500	83.33%	6.01	1.20	12
FTSE100	53.33%	2.06	1.80	15

回测结果展示了 Hikkake 模式的表现很随机，这意味着这个模式不具有预测性，Hikkake 模式在标普 500 指数上达到了 88.33% 的命中率，但这个结果不具有统计学意义，因为在过去几年中，只探测到了 12 个 Hikkake 信号。

第 5 章

现代趋势跟随模式

本章将继续趋势跟随概念的探讨，并介绍几种不属于经典模式的新模式，我把它们称为"现代"模式，因为它们是在我日常的分析工作中常用的个人经验。

我们的目标没有改变，仍然是为检测模式创建客观的判断条件，并对这些条件进行回测，这样你就会对这些条件的频率和预测性有自己的看法。请记住，在一个市场具有预测性的模式，在另一个市场，它的预测性可能就是随机的，这意味着，在英镑兑美元 (GBPUSD) 上有效的模式可能在欧元兑英镑 (EURGBP) 上无效，因为每个市场都有不同的统计和技术特征。

因此，我在这里做出一个主要假设，现代模式并不比经典模式好或是比经典模式差。它们只是一种多样化的工具，允许你可以从分析中得到更多确认。这意味着，如果你看到了至少两个或三个模式（经典或现代）同时出现，你应该更有信心进行交易。现在，让我们开始研究这些新的模式，探索它们的直觉解释和代码实现。

5.1 五胞胎模式

五胞胎模式是一个多 K 线的配置，它确认了潜在趋势。这个模式源于心理学中的"群集"以及"反应失败"的现象[注1]，五胞胎模式发生时，市场参与者们由于一些极端条件，会预期市场发生回撤，但是市场却仍在延续着初始趋势，"群集"和"反应失败"这二者对市场当前走向是施加了额外的延续力量。五胞胎模式的特点是有五个相同类型的连续小 K 线。这个模式依赖于逐步的上涨事件，在这些事件中，市场似乎被高估或者超买了，但是市场未受影响，仍在上涨。

五胞胎模式通常出现在市场经历了影响深远的时候，此时的价格行为仍处于低波动状态，但是此时已经可以看到明显的趋势。举个例子，如 2021 年 12 月末的美元兑土耳其里拉 (USDTRY)[注2]，土耳其总统雷杰普·塔伊普·埃尔多安关于通胀和利率的声明震动了市场，导致了市场巨大的波动，但是，市场随后呈现了犹豫不决的状态，美元兑土耳其里拉持续上涨。

图 5-1 展示了看涨的五胞胎模式。

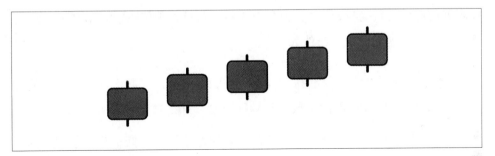

图 5-1 看涨的五胞胎模式

五胞胎模式也发生在市场波动性减缓时，这可以通过五个小尺寸的阴线来证明。图 5-2 展示了看跌的五胞胎模式。

注 1：　这种情况发生在市场参与者由于极端条件而预期市场会反转，但市场却继续其原来的状态。

注 2：　USDTRY 是指 1 美元对土耳其里拉的价值。

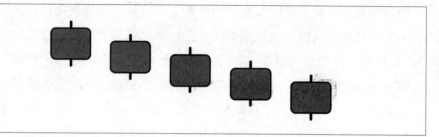

图 5-2：看跌的五胞胎模式

五胞胎模式和第 4 章中讨论的三 K 线模式的区别在于 K 线的数量和尺寸。三 K 线模式假设大的波动后会跟着大波动，五胞胎模式则假设缓慢逐渐的波动后也会有缓慢逐渐的波动（这与金融市场中的波动性聚集事件一致。波动性聚集是指波动性随时间的持续性，低波动通常会跟随者低波动，而高波动则会跟随者高波动）。

因此三 K 线模式和五胞胎模式有着相同的指向，但适用于不同的市场特征。

检测五胞胎模式很简单，但是五胞胎模式并不常见，因为你需要满足很多条件。算法上讲，五胞胎模式的条件如下：

- 如果最近的五个收盘价都高于各自对应的开盘价，且高于前一个周期的收盘价，每个 K 线都能满足最大尺寸的限制，那么在下一行填入 1。

- 如果最近的五个收盘价都低于各自对应的开盘价，且低于前一个周期的收盘价，每个 K 线都能满足最大尺寸的限制，那么在下一行填入 –1。

请记住，五胞胎模式由 5 根小 K 线组成，也因此，你需要在代码中编写判断条件，所有的 K 线不应该超过最大尺寸。

现在的任务是编写信号检测函数，如下所示：

```
def signal(data, open_column, close_column, buy_column, sell_column):
```

```python
data = add_column(data, 5)

for i in range(len(data)):

    try:

        # 看涨模式
        if data[i, close_column]>data[i, open_column] and\
           data[i, close_column]>data[i - 1, close_column] and\
           data[i, close_column]-data[i, open_column]<body and\
           data[i-1, close_column]>data[i-1, open_column] and\
           data[i-1, close_column]>data[i-2, close_column] and\
           data[i-1, close_column]-data[i-1, open_column]<body and\
           data[i-2, close_column]>data[i-2, open_column] and\
           data[i-2, close_column]>data[i-3, close_column] and\
           data[i-2, close_column]-data[i-2, open_column]<body and\
           data[i-3, close_column]>data[i-3, open_column] and\
           data[i-3, close_column]>data[i-4, close_column] and\
           data[i-3, close_column]-data[i-3, open_column]<body and\
           data[i-4, close_column]>data[i-4, open_column] and\
           data[i-4, close_column]-data[i-4, open_column]<body and\
           data[i, buy_column] == 0:

                data[i + 1, 4] = 1

        # 看跌模式
        elif data[i, close_column]<data[i, open_column] and\
             data[i, close_column]<data[i-1, close_column] and\
             data[i, open_column]-data[i, close_column]<body and\
             data[i-1, close_column]<data[i-1, open_column] and\
             data[i-1, close_column]<data[i-2, close_column] and\
             data[i-1, open_column]-data[i-1, close_column]<body and\
             data[i-2, close_column]<data[i-2, open_column] and\
             data[i-2, close_column]<data[i-3, close_column] and\
             data[i-2, open_column]-data[i-2, close_column]<body and\
             data[i-3, close_column]<data[i-3, open_column] and\
             data[i-3, close_column]<data[i-4, close_column] and\
             data[i-3, open_column]-data[i-3, close_column]<body and\
             data[i-4, close_column]<data[i-4, open_column] and\
             data[i-4, open_column]-data[i-4, close_column]<body and\
             data[i, sell_column] == 0:

                data[i + 1, 5] = -1

    except IndexError:
```

```
        pass

    return data
```

与三 K 线模式类似，表 5-1 展示了不同资产在使用小时时间框架时，变量尺寸的默认值。

表 5-1：五胞胎模式：K 线尺寸的选择

资产	尺寸	类型
EURUSD	0.0005	Pip
USDCHF	0.0005	Pip
GBPUSD	0.0005	Pip
USDCAD	0.0005	Pip
BTCUSD	50	USD
ETHUSD	10	USD
GOLD	2	USD
S&P500	10	Points
FTSE100	10	Points

图 5-3 展示了根据上面的函数给出的信号在以太币兑美元 (ETHUSD) 上进行的交易。五胞胎模式在收盘时得到验证，这就是为什么信号在下个 K 线的开盘时生成。

 向上的箭头是在 K 线开盘时生成的买入信号，向下的 K 线是 K 线开盘时生成的卖出信号。

图 5-4 展示了另一个在银价上的信号，你可以看到，当条件持续有效的时候，你可以得到持续的五胞胎模式，但这并不表明我们对趋势还会持续有更大的信心。

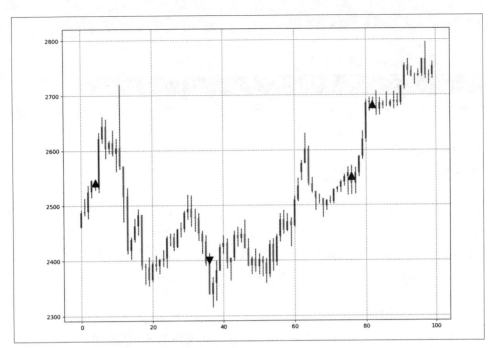

图 5-3：以太币兑美元 (ETHUSD) 的信号图

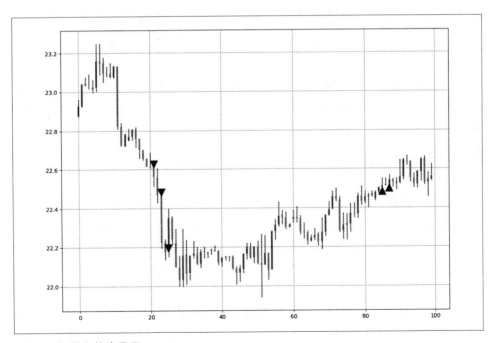

图 5-4：银价上的信号图

表 5-2 总结了五胞胎模式的业绩。

表 5-2：五胞胎模式：业绩汇总表

资产	命中率	盈利因子	风险收益比	交易信号数
EURUSD	55.21%	0.93	0.76	2032
USDCHF	57.28%	0.98	0.73	2004
GBPUSD	58.08%	1.06	0.76	2052
USDCAD	59.04%	1.04	0.72	2146
BTCUSD	57.49%	1.09	0.81	854
ETHUSD	58.25%	0.93	0.67	800
GOLD	57.93%	1.16	0.84	1883
S&P500	59.44%	1.12	0.77	217
FTSE100	58.96%	1.05	0.73	212

业绩评估的结果好坏参半，且在多个市场，五胞胎模式的风险收益比接近盈亏平衡。回忆一下"编写性能评估函数"，如果没有和风险比结合起来看，单独的命中率说明不了什么。这就是为什么在美元兑瑞士法郎（USDCHF）市场，57.28% 的命中率并不令人印象深刻，这是因为在每场交易中，你冒着损失 1 美元的风险挣取 0.76 美元。这一点，我们也可从低于 1 的盈利因子中看到。

总之，在优化何时进入和离开市场时，我们应该把五胞胎模式和其他技术结合起来使用，以获得最佳的结果。

5.2 双重麻烦模式

双重麻烦模式需要用到外生变量来验证，这意味着为了验证这个模式的信号，我们需要从一个叫作真实平均范围（ATR）的波动性指标中借用信息。

在开始介绍双重麻烦模式前，让我们先来定义什么是波动性并理解 ATR。

波动性是交易和投资领域中的关键概念之一，它与风险直接相关，同回报间接相关，一个波动的资产或变量，它的回报会围绕着它的价值均值剧烈波动。

图 5-5 展示了一条低波动线（改变不那么剧烈的线）和一条高波动线（剧烈波动的线）。

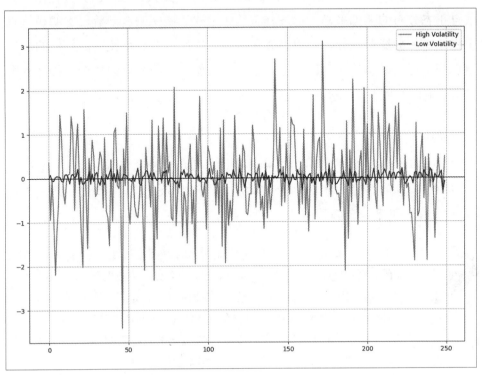

图 5-5：高波动变量和低波动变量的比较

你可以用下面的代码片段编写波动变量：

```
# 导入必要的库
import numpy as np
import matplotlib.pyplot as plt

# 创建高波动性噪声
hv_noise = np.random.normal(0, 1, 250)

# 创建低波动性噪声
lv_noise = np.random.normal(0, 0.1, 250)

#绘图
plt.plot(hv_noise, color = 'red', label = 'High Volatility')
plt.plot(lv_noise, color = 'blue', label = 'Low Volatility')
plt.axhline(y = 0, color = 'black', linewidth = 1)
```

```
plt.grid()
plt.legend()
```

我使用了 numpy 中一个叫作 random.normal() 的函数，这个函数会输出一个来自正态分布的随机采样。正态分布是一个连续概率密度函数，它的均值将正态分布的数据对称分割。正态分布中，靠近均值的数据比远离均值的数据出现频率更高。视觉上看，正态分布的数据像是一个光滑的钟形，钟形的中点就是它的均值。

历史波动率

历史波动率是一段时期内的实际波动。尽管历史波动率看的是历史数据，历史波动率往往被用作对未来波动率的期望。标准差，一个使用历史数据的度量，就是一个例子。

 在继续前，我想提一下一种被称为衍生品的金融工具。衍生品是交易者用特定的方式在市场交易的产品。例如，远期合约是一种衍生合约，在远期合约中，买方锁定了某种资产在以后某个时间的价格。远期合约是一种义务。另一种衍生品是期权。期权是通过在当下付费（期权的价格）从而获得 在未来以特定价格购买某种资产的权利（并非义务）。当买方想购买标的股票时，他们行使期权进行购买。否则，他们可以让期权过期。

隐含波动率

隐含波动率的最简单的定义，是通过 Black-Scholes 公式，由期权的市场价格计算出的波动率（Black-Scholes 是用于期权定价的公式， 期权价格是买方支付的权利金，用于购买期权，期权给予买方在特定过期日期前用预先订好的价格购买某一种资产的权利）。隐含波动率是对未来实际波动的期望。隐含波动率有一个时间尺度：期权的到期日。

远期波动率

远期波动率是未来某一段时间的波动率。

实际波动率

实际波动率是任意一个事件波动的规模。也被称为局部波动率额，局部波动很难计算，也没有时间尺度。

最基本的波动率是标准差。它是描述统计性的基石之一。首先，我必须先解释方差。

方差是一种分散度度量，它等于与均值的偏差的平方，我们取平方，是为了让与均值的距离非负，然后我们取方差的平方根，就将方差转化为标准差，标准差与均值有相同的尺度。

通过对偏差平方，我们的距离度量非负，通过对方差开平方，我们可以把一堆苹果（标准差）和一个苹果（均值）比较。

因此，方差可以用下面的数学公式计算：

$$\sigma^2 = \frac{1}{n} \Sigma_{i=1}^{n} (x_i - \chi)^2$$

按照逻辑，标准差可以这样计算：

$$\sigma = \sqrt{\frac{1}{n} \Sigma_{i=1}^{n} (x_i - \chi)^2}$$

通俗地讲，标准差是当你在衡量数据集里的每一个数据时，对这些数据到均值的平均距离的期望。

了解了波动性的概念后，让我们讨论下波动性指标 ATR，这是在寻找双重麻烦模式时一定会用到的。

ATR 是测量波动性的另一种方法。和标准差类似，ATR 在计算时考虑了最高价和最低价，因此，ATR 比标准差更完备。

ATR 被用作历史波动性的标尺，这个指标由 Wilder Welles Jr 开发，他也是 RSI 的发明者，RSI 是在第 3 章讨论的一个指标。ATR 的第一个组成部分是真实范围。让我们来看看如何计算真实范围。

假设你有一个 OHLC 数组。每个小时，真实范围就是这三个价格差之间的最大值：

- 最高价和最低价。

- 最高价和前一个周期收盘价。

- 前一个周期收盘价和最低价。

一旦你得到了这三个价格差的最大值，你只需要对特定回看期内的真实范围做一下平滑平均，你就得到了 ATR。

在价格波动较大、恐慌和价格下跌的时期，ATR 很可能会上升，这反映了市场波动性的增加。类似的，在稳定的上升趋势或下降趋势中，ATR 往往会下降，表明市场波动性较低。图 5-6 展示了欧元兑美元 (EURUSD) 的 10 周期 ATR 度量。当看到这幅图时，你可以得到什么结论？

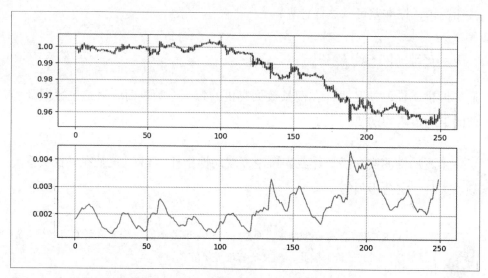

图 5-6：欧元兑美元 (EURUSD) 价格走势和对应的 10 周期 ATR

显然，市场与其 ATR 指标存在负相关关系。这是非常普遍的，因为高波动性通常与恐惧（市场下跌）相关，而低波动性通常与贪婪（市场上涨）相关。这种相关性并非完美，但从长期来看市场和 ATR 统计上呈负相关。

下面是计算 ATR 的代码。

 请确保你已经定义好了 第 3 章中的 smoothed_ma() 函数，ATR 是特定回看区间真实范围的平滑平均。因此 ATR 不是简单的平均。

```python
def atr(data, lookback, high_column, low_column, close_column, position):

    data = add_column(data, 1)

    for i in range(len(data)):

        try:

            data[i, position] = max(data[i, high_column] - \
                            data[i, low_column], abs(data[i, \
                            high_column] - data[i - 1, close_column]),\
                            abs(data[i, low_column] - \
                            data[i - 1, close_column]))

        except ValueError:

            pass

    data[0, position] = 0

    data = smoothed_ma(data, 2, lookback, position, position + 1)

    data = delete_column(data, position, 1)

    data = delete_row(data, lookback)

    return data
```

现在，你已经准备好学习双重麻烦模式了，双重麻烦模式是一个由两根 K 线组成的趋势跟随配置，它通常标志着市场在总体走向上的延续。

看涨的双重麻烦模式由两根阳线组成，第一根 K 线的收盘价低于第二根 K 线的收盘价。第二根 K 线的尺寸（从最高价到最低价）必须是之前一根 K 线的 10 周期 ATR 的两倍。

看涨的"双重麻烦"基于市场的狂热心理。另一种解释是，它可能是一种轧空（short squeeze）的形式，而轧空可以进一步增加看涨突破的概率。

 轧空（Short Squeeze）是一种异常情况，轧空发生时市场价格迅速上涨。在轧空之前，市场上必须有大量的空头卖家。当价格迅速上涨时，触发了空头卖家的止损单，进一步放大了价格的上升幅度。

图 5-7 展示了看涨的双重麻烦模式。

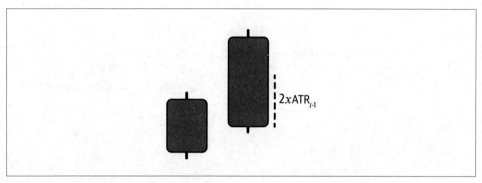

图 5-7：一个看涨的双重麻烦模式

看跌的双重麻烦模式由两根阴线组成，第一根 K 线的收盘价高于第二根 K 线的收盘价。第二根 K 线的尺寸（从最高价到最低价）也必须是之前一根 K 线的 10 周期 ATR 的两倍。

图 5-8 展示了看跌的双重麻烦模式。

很明显，双重麻烦模式的出现高度依赖于波动性。只有当前最高价和最低价的差值大于过去一个小时的 10 周期 ATR 时，双重麻烦模式才能被验证。

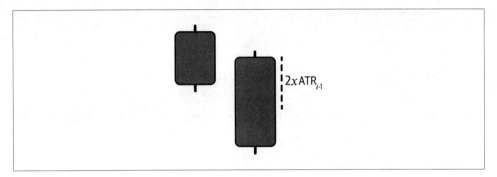

$2x\,ATR_{i-1}$

图 5-8：看跌的双重麻烦模式

从算法上讲，双重麻烦模式的代码如下：

```
def signal(data, open_column, high_column, low_column, close_column,
        atr_column, buy_column, sell_column):

    data = add_column(data, 5)

    for i in range(len(data)):

        try:

            # 看涨模式
            if data[i, close_column] > data[i, open_column] and \
                data[i, close_column] > data[i - 1, close_column] and \
                data[i - 1, close_column] > data[i - 1, open_column] and \
                data[i, high_column] - data[i, low_column] > (2 * data[i - \
                1, atr_column]) and data[i, close_column] - data[i, \
                open_column] > data[i - 1, close_column] - data[i - 1, \
                open_column] and data[i, buy_column] == 0:

                    data[i + 1, buy_column] = 1

            # 看跌模式
            elif data[i, close_column] < data[i, open_column] and \
                data[i, close_column] < data[i - 1, close_column] and \
                data[i - 1, close_column] < data[i - 1, open_column] and \
                data[i, high_column] - data[i, low_column] > (2 * data[i - \
                1, atr_column]) and data[i, open_column] - data[i, \
                close_column] > data[i - 1, open_column] - data[i - 1, \
                close_column] and data[i, sell_column] == 0:

                    data[i + 1, sell_column] = -1
```

```
    except IndexError:

        pass

    return data
```

双重麻烦模式的信号检测函数使用了 abs() 函数，这个函数会计算括号内数字的绝对值。这个函数用于计算 K 线的尺寸。

你在计算 ATR 时，使用了数组的第五列（index=4）。因此，双重麻烦模式的买入和卖出信号必须在第 6 列和第 7 列（index=5 和 index=6）。之前的模式中，我们没有计算过中间指标。在你调用这个函数时，确保你已经将所有列整体移动过了。

图 5-9 和图 5-10 分别展示了在富时 100 指数和比特币兑美元 (BTCUSD) 上的信号图。

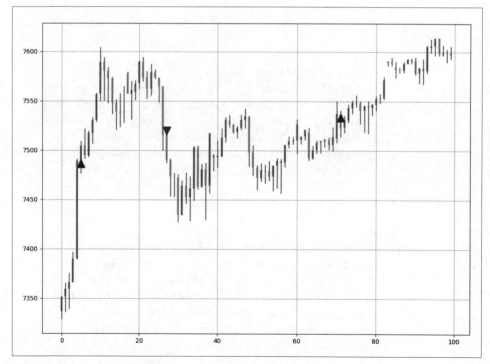

图 5-9：富时 100 指数的信号图

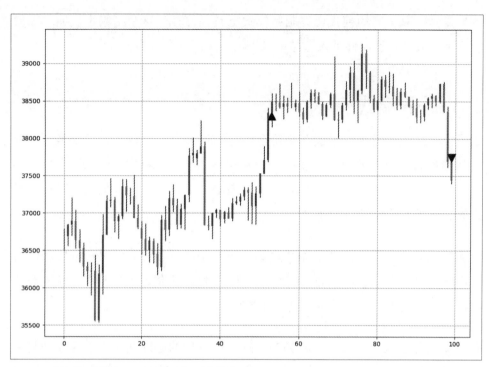

图 5-10：比特币兑美元（BTCUSD）的信号图

表 5-3 总结了双重麻烦的业绩。

表 5-3：双重麻烦模式：业绩汇总表

资产	命中率	盈利因子	风险收益比	交易信号数
EURUSD	51.54%	1.03	0.97	2103
USDCHF	50.47%	1.03	1.01	2106
GBPUSD	50.06%	0.98	0.98	2155
USDCAD	50.86%	1.00	0.96	1787
BTCUSD	53.59%	1.21	1.05	1056
ETHUSD	56.76%	1.30	0.99	953
GOLD	51.76%	1.10	1.02	2007
S&P500	54.00%	1.32	1.13	237
FTSE100	45.95%	0.62	0.73	198

你可以看到，双重麻烦模式比五胞胎模式表现得更好，双重麻烦模式有着更
好的利润因子和风险收益比。

结果显示，双重麻烦模式比五胞胎模式更具预测性。这个结果也表明，在模式识别领域，将波动性纳入考虑可以提供更多洞见和机会。

5.3 瓶子模式

瓶子模式是我所发现的最简单最符合直觉的模式之一。瓶子模式依赖于两根K线给出趋势持续的信号。我把这个模式命名为瓶子模式，因为这个模式中的第二根K线像瓶子。这个模式也标志着缺口的回顾，因为他是判断这个模式的看涨或看跌信号的条件之一。

看涨的瓶子模式由两根K线组成，第一根是阳线，紧接着的另一根阳线没有下影线，只有有上影线。同时，第二根K线的开盘价必须低于第一根K线的收盘价，这被视为向下跳空（或内部跳空）。

瓶子模式可被用于确认向上趋势的延续，这背后的心理在于：市场在开盘后未能形成新的低点，这意味着看涨的压力。图5-11展示了看涨的瓶子模式。

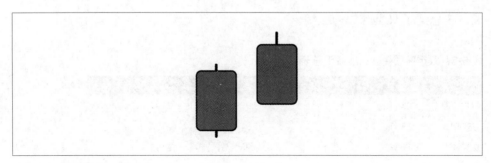

图 5-11：看涨的瓶子模式

在看跌的瓶子模式中，第一根K线是一根阴线，紧跟着一根没有上影线只有下影线的阴线。同时，第二根K线的开盘价必须低于第一根K线的收盘价，这被认为是一个向上跳空。图5-12展示了看跌的瓶子模式。

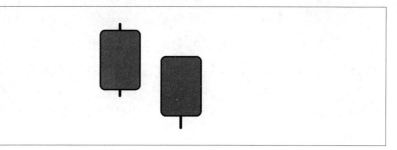

图 5-12：看跌的瓶子模式

确认瓶子模式的配置相对简单。但是你必须对瓶子模式的所有条件都小心，因为有时候缺口可能不会发生，这会让瓶子模式无效。

```python
def signal(data, open_column, high_column, low_column, close_column,
        buy_column, sell_column):

    data = add_column(data, 5)

    for i in range(len(data)):

        try:

            # 看涨模式
            if data[i, close_column] > data[i, open_column] and \
              data[i, open_column] == data[i, low_column] and \
              data[i - 1, close_column] > data[i - 1, open_column] and \
              data[i, open_column] < data[i - 1, close_column] and \
              data[i, buy_column] == 0:

                    data[i + 1, buy_column] = 1

            # 看空模式
            elif data[i, close_column] < data[i, open_column] and \
              data[i, open_column] == data[i, high_column] and \
              data[i - 1, close_column] < data[i - 1, open_column] and \
              data[i, open_column] > data[i - 1, close_column] and \
              data[i, sell_column] == 0:

                    data[i + 1, sell_column] = -1

        except IndexError:

            pass
```

```
return data
```

现在，你应该理解了瓶子模式的条件是如何编写的，因此，这些条件应该变成你的第二天性。此外，这个简单的模式也让对应的代码很简单。

在开始回测瓶子模式并解释结果之前，让我们来看看基于瓶子模式信号的交易行为。

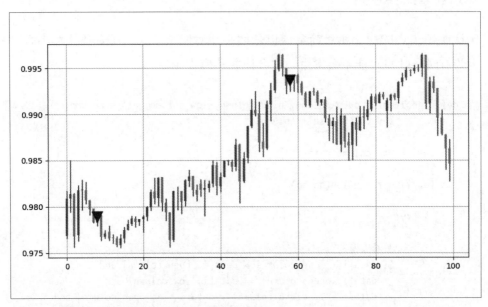

图 5-13：美元兑瑞士法郎 (USDCHF) 上的信号图

第一件你需要注意的事是，在过去的 100 小时，美元兑瑞士法郎 (USDCHF) 上只有 2 个看跌的瓶子模式。这很平常，也经常发生，特别是当条件中有相等条件时。图 5-14 展示了澳大利亚元兑日元 (AUDJPY) 上的信号图，在过去的 100 个交易小时中，你只能看到一个看跌信号。

你可以使用取整函数来增加瓶子模式信号的频率。为了保持这个模式的真正形态，我并没有这么做。

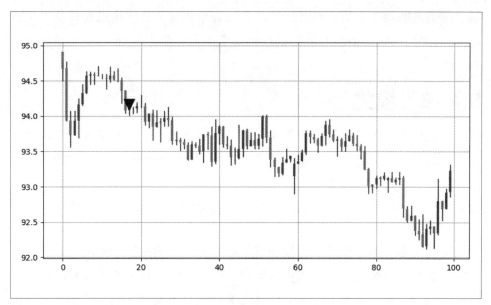

图 5-14：澳大利亚元兑日元 (AUDJPY) 的信号图

表 5-4 总结了瓶子模式的业绩。

表 5-4：瓶子模式业绩汇总表

资产	命中率	盈利因子	风险收益比	交易信号数
EURUSD	51.39%	0.99	0.94	395
USDCHF	52.85%	1.17	1.04	507
GBPUSD	50.75%	0.85	0.83	398
USDCAD	50.48%	1.14	1.11	513
BTCUSD	50.44%	0.98	0.96	337
ETHUSD	50.95%	0.83	0.80	365
GOLD	47.98%	0.82	0.89	471
S&P500	41.81%	0.72	1.01	55
FTSE100	53.91%	1.81	1.55	115

相较于其他资产的回测结果，瓶子模式似乎在美元兑瑞士法郎 (USDCHF) 和富时 100 指数上表现得更好。对于模式，有一点很重要，不论是好的还是坏的模式，它们都不大可能在所有的市场都有效。因此，当你在寻找一个好的模式时，你一定要找到正确的市场，再根据模式进行交易。

举个最简单的例子，反转模式在趋势市场表现不佳，连续模式在横盘市场表现不佳，你要记住，你在寻找好的技术（模式或者策略），而非完美的技术。

5.4 弹弓模式

这个模式的名字源于这样一个事实：弹弓模式涉及一个突破系统，而这个突破系统确认了新的趋势。因此，弹弓模式是一个由 4 根 K 线组成的趋势检测系统，弹弓模式在突破发生时，使用了回撤的办法。定义看上去很复杂，但实际上，弹弓模式很简单。让我们从一个看涨的弹弓模式的条件开始。

首先，一个看涨弹弓模式有这样的特点：看涨弹弓模式以一根阳线开启，随后的一根更高的 K 线确认了看涨的偏向，随后，还会有另外两根 K 线，在这两根 K 线中，第二根 K 线的最高价不会超过第一根 K 线的最高价。最后一根 K 线的最低价必须等于或低于第一根 K 线的最高价，它的收盘价必须高于第二根 K 线的最高价。弹弓模式对第二根和第三根 K 线的颜色并没有限制。图 5-15 展示了完美的看涨弹弓模式。

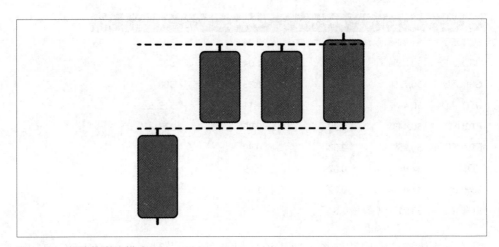

图 5-15：看涨的弹弓模式

首先，一个看跌弹弓模式有这样的特点：看跌弹弓模式以一根阴线开启，随后的一根更低的 K 线确认了看跌的偏向，然后，还会有另外两根 K 线，在这两根 K 线中，第二根 K 线的最低价不会低于第一根 K 线的最低价。最后一根

K 线的最高价必须等于或高于第一根 K 线的最低价，它的收盘价必低于于第二根 K 线的最低价。

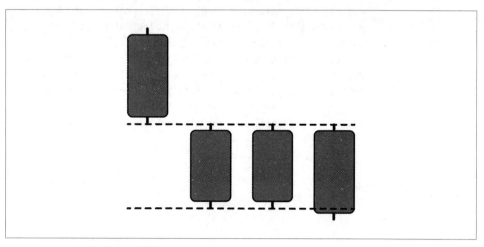

图 5-16：一个看跌的弹弓模式

由于弹弓模式的条件复杂，且弹弓模式较为罕见，检测弹弓模式比较复杂，但是检测弹弓模式可以被简化为一个算法，如下所示：

```python
def signal(data, open_column, high_column, low_column, close_column,
           buy_column, sell_column):

    data = add_column(data, 5)

    for i in range(len(data)):

        try:

            # 看涨模式
            if data[i, close_column] > data[i - 1, high_column] and \
               data[i, close_column] > data[i - 2, high_column] and \
               data[i, low_column] <= data[i - 3, high_column] and \
               data[i, close_column] > data[i, open_column] and \
               data[i - 1, close_column] >= data[i - 3, high_column] and \
               data[i - 2, low_column] >= data[i - 3, low_column] and \
               data[i - 2, close_column] > data[i - 2, open_column] and \
               data[i - 2, close_column] > data[i - 3, high_column] and \
               data[i - 1, high_column] <= data[i - 2, high_column]:
```

```
                    data[i + 1, buy_column] = 1

        # 看跌模式
        elif data[i, close_column] < data[i - 1, low_column] and \
             data[i, close_column] < data[i - 2, low_column] and \
             data[i, high_column] >= data[i - 3, low_column] and \
             data[i, close_column] < data[i, open_column] and \
             data[i - 1, high_column] <= data[i - 3, high_column] and \
             data[i - 2, close_column] <= data[i - 3, low_column] and \
             data[i - 2, close_column] < data[i - 2, open_column] and \
             data[i - 2, close_column] < data[i - 3, low_column] and \
             data[i - 1, low_column] >= data[i - 2, low_column]:

                    data[i + 1, sell_column] = -1

    except IndexError:

        pass

    return data
```

图 5-17 展示了在黄金商品上基于弹弓模式的信号图。

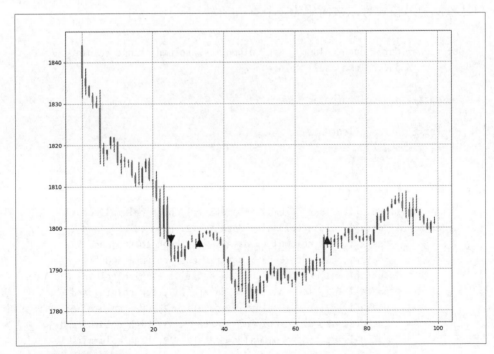

图 5-17：黄金的信号图

弹弓模式通常用于短期的趋势延续走向。因此，弹弓模式的趋势不是确定市场会在相同的方向持续数天，而是去塑造边际新高（看涨弹弓）和新低（看跌弹弓）。

因此，退出的策略会极大地影响弹弓模式的结果。尽管如此，在回测弹弓模式时，我们还是采用了与其他模式相同的条件（在下一个看涨或看跌信号出现时，立即退出）。

现实中，你必须基于对于风险和回报的偏好，创造你自己的进场和出场条件，这样一来你就能优化期望的结果。图 5-18 展示了澳大利亚元兑新西兰元 (AUDNZD) 的弹弓模式信号图。

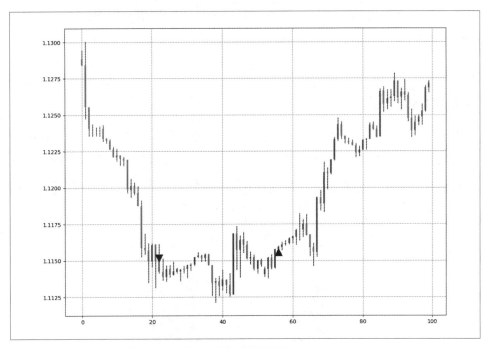

图 5-18：澳大利亚元兑新西兰元 (AUDNZD) 的信号图

表 5-5 总结了弹弓模式的回测结果。

表 5-5：弹弓模式：业绩总结表

资产	命中率	盈利因子	风险收益比	交易信号数
EURUSD	50.03%	0.98	0.98	1591
USDCHF	51.81%	0.96	0.90	1621
GBPUSD	48.27%	1.01	1.08	1622
USDCAD	48.61%	0.94	0.99	1728
BTCUSD	52.01%	0.88	0.82	721
ETHUSD	48.52%	1.01	1.07	577
GOLD	47.90%	0.85	0.93	1332
S&P500	49.36%	1.01	1.04	158
FTSE100	57.14%	1.38	1.04	189

相比于其他 K 线图模式，弹弓模式有着相对健康的信号数量，但是，由于弹弓模式的业绩受退出技术（在接下来的章节讨论）的影响很大，除了在富时 100 指数市场，弹弓模式的预测性都相对较低。

5.5 H 模式

H 模式是一个三 K 线延续配置。看涨的 H 模式（见图 5-19）的第一根 K 线是一根阳线，第二根 K 线是一根犹豫 K 线，[注3] 这根 K 线的开盘价等于收盘价。接着，第三根 K 线必须是一根阳线，它的收盘价必须高于犹豫 K 线的收盘价。最后，第三根 K 线的最低价必须高于犹豫 K 线的最低价。

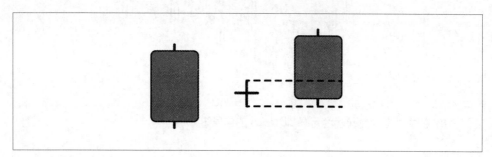

图 5-19：看涨 H 模式

注 3：这种犹豫不决的模式也被称为十字星。

看跌 H 模式（见图 5-20）的第一根 K 线是一根阴线，第二根 K 线是一根犹豫 K 线。接着，第三根 K 线必须是一根阴线，它的收盘价必须低于犹豫 K 线的收盘价。最后，第三根 K 线的最高价必须低于犹豫 K 线的最高价。

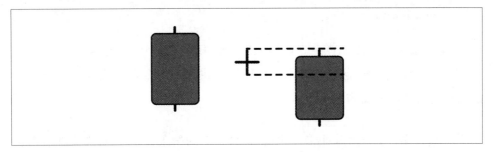

图 5-20：看跌 H 模式

下面的代码段展示了如何检测 H 模式：

```
def signal(data, open_column, high_column, low_column, close_column,
           buy_column, sell_column):

    data = add_column(data, 5)

    for i in range(len(data)):

        try:

            # 看涨模式
            if data[i, close_column] > data[i, open_column] and \
               data[i, close_column] > data[i - 1, close_column] and \
               data[i, low_column] > data[i - 1, low_column] and \
               data[i - 1, close_column] == data[i - 1, open_column] and \
               data[i - 2, close_column] > data[i - 2, open_column] and \
               data[i - 2, high_column] < data[i - 1, high_column]:

                    data[i + 1, buy_column] = 1

            # 看跌模式
            elif data[i, close_column] < data[i, open_column] and \
                 data[i, close_column] < data[i - 1, close_column] and \
                 data[i, low_column] < data[i - 1, low_column] and \
                 data[i - 1, close_column] == data[i - 1, open_column] and \
                 data[i - 2, close_column] < data[i - 2, open_column] and \
                 data[i - 2, low_column] > data[i - 1, low_column]:
```

```
                        data[i + 1, sell_column] = -1

        except IndexError:

            pass

    return data
```

图 5-21 展示了一个在标普 500 市场上生成的 H 模式信号例子。显然，由于市场的特征，H 模式可能比较罕见。从理论上讲，趋势跟随模式在趋势市场上的表现通常比在横盘市场上好。

由于股票大多数处于趋势状态，性能总结表中的结果显示了 H 模式在股票指数上的表现优于在其他市场的表现。

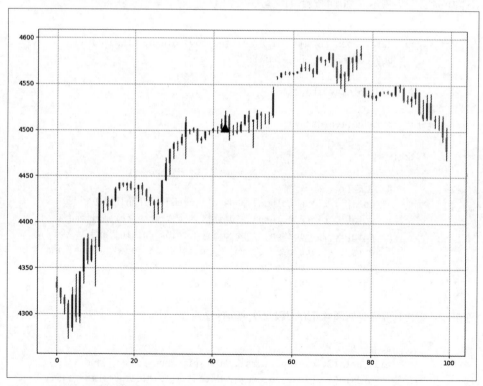

图 5-21：标普 500 的信号图

模式通常会有一个被叫作潜在目标的止盈点。到现在为止，我们在回测时，一直使用了这样一个假设：在下个信号产生时退出。这样做是可行的，因为你希望不同模式的结果可以在同等条件下对比。

对于 H 模式和本书中演示的其他现代 K 线图模式，我发现强加某种退出策略并没有带来价值，因为每个市场的表现都不同。因此，我发现最好基于自己的判断来在自己的策略中应用退出规则，或者如果你只是按照模式进行交易，那就简单地在下个信号出现时退出。

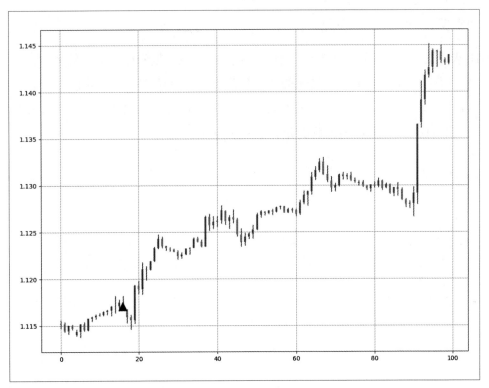

图 5-22：澳大利亚元兑新西兰元 (AUDNZD) 的信号图

让我们来看看 H 模式的回测结果，再看看我们可以如何解释这些结果（见表 5-6）。

表 5-6：H 模式：业绩汇总表

资产	命中率	盈利因子	风险收益比	交易信号数
EURUSD	51.56%	0.89	0.84	128
USDCHF	45.83%	0.77	0.91	144
GBPUSD	44.68%	0.93	1.15	94
USDCAD	57.49%	1.31	0.97	120
BTCUSD	61.53%	3.25	2.03	26
ETHUSD	41.83%	0.55	0.77	98
GOLD	65.38%	2.55	1.34	52
S&P500	59.64%	1.33	0.90	57
FTSE100	50.00%	1.35	1.35	36

H 模式似乎有更强的预测能力，但是 H 模式的缺点很明显：信号的频率。你可以清楚地看到，基于 H 模式的交易很匮乏。正如你期待的，我们看到 H 模式在趋势市场如标普 500 和富时 00 市场的表现好于在横盘市场，如美元兑瑞士法郎 (USDCHF) 和英镑兑美元 (GBPUSD) 上的表现。

第 6 章

经典逆向交易模式

至此，你应当对趋势跟随策略有了深入了解，它是一种基于当前市场动向继续保持相同趋势的预期而执行的交易技巧。现在，轮到我们探讨那些预兆市场趋势即将逆转，或至少预示着初步动向需要调整的逆向交易模式。与趋势跟随策略相对，逆向交易模式倡导的是逆流而动，而非随波逐流。

本章将引领你走进经典逆向交易模式的世界。这里所说的"经典"是指那些在技术分析的宏大舞台上已被广泛认知和应用的模式。我们的目标是确立这些逆向模式的明确准则，并通过历史数据的回测来验证它们，让你能对这些模式的发生频次和其预测价值有一个明晰的认识。

6.1 十字星模式

当提及 K 线图形态，十字星往往是人们首先想到的，不仅因为它广为人知，更因为它的直观性。在日语中，"doji"（十字星）一词代表"误差"，这一称呼恰如其分，因为它被交易者视为市场犹豫不决的象征。

与无影线的 Marubozu 形态相似，十字星由单根 K 线图构成，其特点是开盘价与收盘价持平，正是这一特性赋予了它不确定性的标签。

要辨识看涨十字星和看跌十字星，分析它前后相邻的 K 线至关重要。图 6-1 描绘了一个典型的看涨十字星模式。在市场走低的背景下，当一根表征犹豫不决的十字星出现时，它可能预示着市场趋势即将转变的第一信号。为了确立这一预兆，需要依靠后续出现的阳线来进行验证。

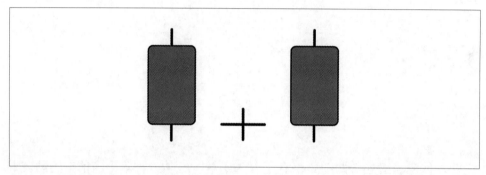

图 6-1：看涨十字星

与此相对，图 6-2 呈现了一个理论中的看跌十字星配置。在上涨趋势中，十字星的现身可能标志着现行趋势的潜在逆转。这一转变同样需要得到随后出现的阴线的确证。

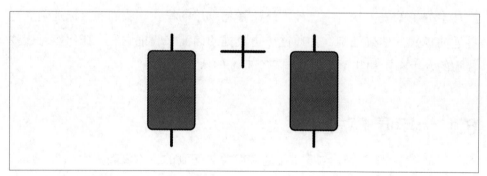

图 6-2：看跌十字星

十字星形态的核心思想植根于市场力量的均衡。当买方超过卖方，市场的权力天平便向上倾斜，需求超出供给的结果便是价格上升。

然而，当买方的势头开始减弱，与供给力量趋于均等时，市场便达到均衡状态，正如我们在价格努力创造新高点却停滞不前时所见证的那般。十字星形态的出现，即开盘价与收盘价的相等，象征着双方均未能将价格推向预期方向的均衡状态得以实现。

在供给力量逐渐增强，需求力量相对减弱时，市场预期将开启下跌之路。此时，十字星形态便标志着市场从看涨态势转换为预期看跌状态的关键平衡点。

另外，十字星形态还有其他不同的变体，每一种都有其独特考量，以下是对这些变体的进一步阐述。

6.1.1 蜻蜓十字

此类别的十字星形态独特之处在于其最高价与收盘价和开盘价相同，形成了一个仅在最低价与其他价位有所区别的图形。这种形态也暗示了市场的不确定性，并且它的解读取决于之前的价格走势是偏向看涨还是看跌。

这个模式引发了双重思考：一方面，市场未能创出新高，无力继续上行，这似乎透露出一丝看跌倾向；另一方面，市场并未跌破开盘价，而是回到了起点，这似乎又透露出一丝看涨的气息。无论解读为何，对待这一形态的态度应与其他十字星形态一致，作为潜在的逆转信号处理。

图 6-3 展现的是一根蜻蜓十字星，它静静地悬挂在图表中，预示着市场力量的微妙平衡。

图 6-3：蜻蜓十字星

6.1.2 墓碑十字

这一形态是蜻蜓十字星的反向图案，它继承了相似的逻辑框架，而其市场含义则取决于出现前的价格走向。在跌势市场中，墓碑十字星的出现通常预示着潜在的反转，倾向于看涨解读。反之，在上升趋势中，这一形态的出现往往是看跌信号的先兆。

图 6-4 呈现了一个典型的墓碑十字星，其形状如同古老墓碑的轮廓，静默于价格图表之上，暗示着市场可能的动向转变。

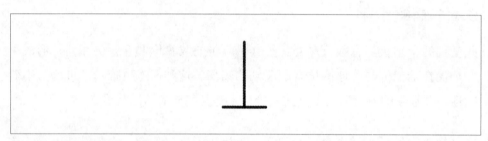

图 6-4：墓碑十字星

6.1.3 一字星

此类形态多见于散户市场休市，或者在假日前后市场交易清淡之时。一字星表现出的低流动性和交易量，通常不足以提供任何明确的市场方向信号。然而，它依旧体现了市场参与者的不确定性情绪；开盘价、最高价、最低价和收盘价相同，造就了它那独特且醒目的水平线外观。

图 6-5 为我们揭示了一字星的经典样态，简洁而直观地映射出交易时段的静态均衡。

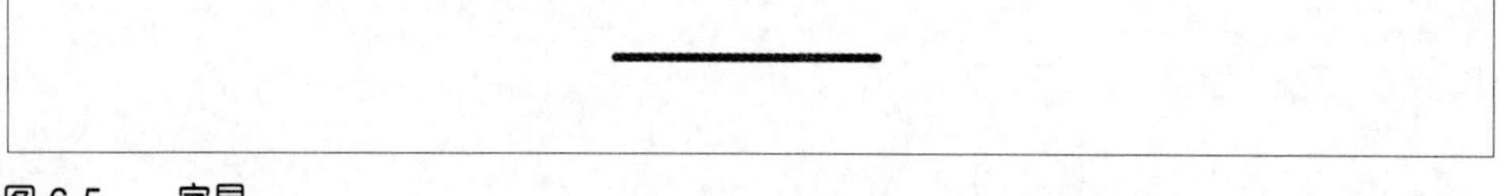

图 6-5：一字星

6.1.4 双十字

市场的不确定性有时会延续超出单一交易周期，表现为数个连续的十字星形态。当连续出现两个十字星时，这不仅表明了不确定性的持续，也暗示了市场对于即将到来的反转可能性的信心不足。这种模式揭示了逆势交易者的犹豫，他们尚未形成足够的力量推动市场走向预期的方向。在实践中，两个相继的十字星并不一定比单个十字星更具有预警性。

图 6-6 为我们呈现了双十字星形态，这种罕见的图案在图表上捕捉了市场参与者的观望态度和决策僵持。

图 6-6：双十字星

6.1.5 三星十字

在众多十字星形态之中，三星十字星的出现可能被认为是最为稀有且具有显著意义的。这一形态由三个独立的十字星构成，其中最引人注目的特征是中间的十字星存在一个跳空缺口，意味着它的价格区间完全脱离了前后两个十字星的价格区间，没有任何重叠。

图 6-7 展示了一个三星十字星。

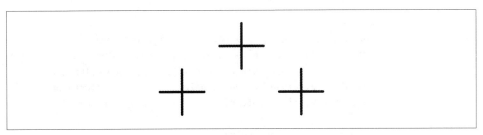

图 6-7：三星十字星

虽然十字星模式在金融市场分析中被广泛研究，但它们并非没有缺点。特别是，十字星形态可能会在图表上频繁出现，而市场却未随之作出明显反应。这表明，尽管开盘价与收盘价之间的平衡看似表达了市场的不决，但这种表象并不总是反映出投资者预期中的买卖力量平衡。

在构建十字星检测算法的过程中，所需条件并不复杂。首先，正如先前展示的，需要对数据值进行四舍五入处理。然后，遵循以下直觉逻辑：

- 如果当前的收盘价高于开盘价，前一个周期的收盘价等于开盘价，并且再前一个周期的收盘价低于开盘价，则在下一行填入 1。

- 如果当前的收盘价低于开盘价，前一个周期的收盘价等于开盘价，并且再前一个周期的收盘价高于开盘价，则在下一行填入 –1。

如前所述，十字星形态是一种单 K 线图形态。这一点是确切的，因为十字星 K 线图的开盘价与收盘价相同。然而，为了确认这一形态，使得算法能够预测下一个可能的市场走向，你必须施加先前提到的条件。

你可以通过以下代码片段为十字星模式编写信号函数：

```
def signal(data, open_column, close_column, buy_column, sell_column):

    data = add_column(data, 5)

    for i in range(len(data)):

        try:

            # 看涨模式
            if data[i, close_column] > data[i, open_column] and \
               data[i, close_column] > data[i - 1, close_column] and \
               data[i - 1, close_column] == data[i - 1, open_column] and \
               data[i - 2, close_column] < data[i - 2, open_column] and \
               data[i - 2, close_column] < data[i - 2, open_column]:

                data[i + 1, buy_column] = 1
```

```
# 看跌模式
elif data[i, close_column]< data[i, open_column] and \
    data[i, close_column] < data[i - 1, close_column] and \
    data[i - 1, close_column] == data[i - 1, open_column] and \
    data[i - 2, close_column] > data[i - 2, open_column] and \
    data[i - 2, close_column] > data[i - 2, open_column]:

        data[i + 1, sell_column] = -1

except IndexError:

    pass

return data
```

图 6-8 展示了美元兑瑞士法郎 (USDCHF) 的信号图。

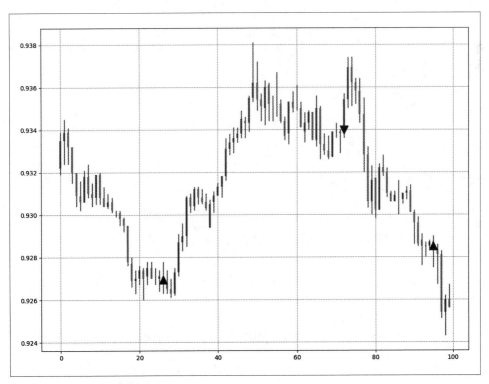

图 6-8：美元兑瑞士法郎信号图

显然，十字星模式并不少见。图 6-9 展示了英国富时 100 指数 (FTSE 100) 的另一个信号图。

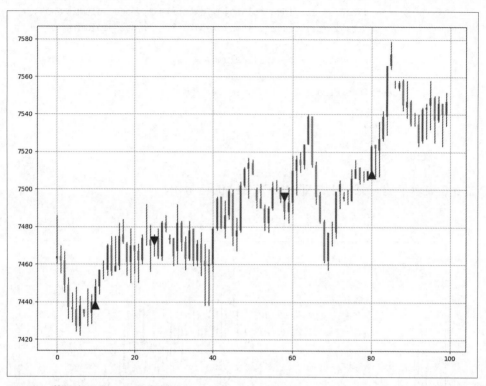

图 6-9：英国富时 100 指数信号图

表 6-1 展示了十字星模式在历史数据分析中的表现摘要。在深入解读这些成果之前，有必要回顾一下之前我们所讨论的交易条件：

- 交易的执行是基于当前收盘价所确认的信号，于下一个交易周期的开盘价成交。

- 结束持仓的时机是在接收到相反的信号时，不论是指示看涨还是看跌。

- 在性能评估的计算中，并未包含交易成本。

- 这里展示的是没有应用风险管理措施的纯粹策略效果。

表 6-1：十字星模式：业绩汇总表

资产	命中率	盈利因子	风险收益比	交易信号数
EURUSD	45.86%	0.97	1.14	1537
USDCHF	45.33%	0.83	1.00	1661
GBPUSD	49.78%	1.03	1.04	1177
USDCAD	48.06%	0.92	1.00	1315
BTCUSD	48.69%	0.93	0.98	345
ETHUSD	45.69%	0.91	1.09	1254
GOLD	46.17%	1.05	1.22	3166
S&P500	48.84%	1.11	1.16	303
FTSE100	50.27%	1.02	1.00	179

在进行历史性能回测时，十字星形态显示出其在金融市场中的常见性，然而，它们的预测价值往往是有限的。在依赖十字星形态进行市场未来走势预测之前，洞察当前的市场状态是极为关键的一步。根据我的观察，比如在一个明确的看涨趋势中，出现的看跌十字星形态不太可能提供有效信号。然而，在一个震荡盘整的市场环境下，这一形态的指示作用可能会得到增强，这是市场无形之手的见证。

总的来说，十字星形态以其简洁和常见特点，成为技术分析模式识别的基石。尽管如此，它并不是预测市场最准确的工具。成功的交易策略往往需要结合其他技术信号和市场分析，以构建一个更为全面和精确的交易视角。

6.2 孕线模式

孕线模式，这个术语在日语中与"怀孕"一词同义，是一个反映市场可能即将反转的经典双 K 线组合形态，其特色在于后出现的 K 线（子 K 线）完全位于先出现的 K 线（母 K 线）的实体内部。在技术分析的传统中，孕线模式有两种解读方式：一种是严格定义的，另一种则是较为灵活的。本章会对两者进行详细探讨。首先让我们聚焦于更为宽容的灵活版本。

在看涨孕线模式中，首先出现的是一个看跌的母 K 线，紧随其后的是一个看涨的子 K 线。在这种形态中，子 K 线的收盘价通常位于母 K 线的开盘价之下，而它的开盘价则高于母 K 线的收盘价。对于灵活的孕线模式而言，双 K 线组合的最高点和最低点并不是决定性的因素，这些细节将在讨论严格版本时加以阐述。图 6-10 为我们描绘了一个典型的灵活看涨孕线形态。

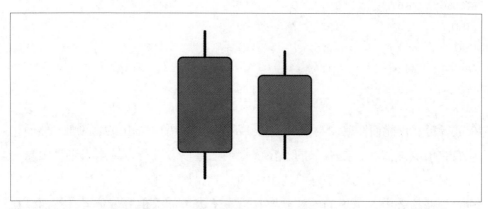

图 6-10：灵活的看涨孕线模式

灵活看跌孕线模式由两根 K 线组成：起初是一根母阳线，随后是一根子阴线。在这一模式中，第二根即子阴线的开盘价通常低于母阳线的收盘价，而它的收盘价则位于母阳线的开盘价之上。这种配置暗示了市场情绪的转换，从买方主导逐渐过渡到卖方可能开始掌控局面。

图 6-11 为我们提供了一个灵活看跌孕线模式的实例。

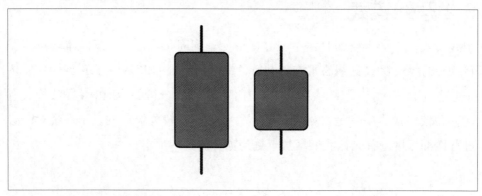

图 6-11：灵活的看跌孕线模式

孕线模式在心理层面的解释是，K 线体积的减小传递出市场对现有趋势的犹豫，暗示着趋势的反转可能正在酝酿之中。通常，在经典的图表模式中，有一部分预测性可能归因于模式本身的知名度，这种现象被称为自我实现的预言，即模式因其广泛的认可而在市场中产生了一定程度的预测效果，这与模式直观解释所预期的效果可能有所不同。

 有些交易图形可能并没有一个合理的直觉解释，但尽管如此，它们仍然受到专业交易者的密切关注。这是因为许多其他交易者也在监控这些图形，从而形成了一个无限的螺旋效应，这可能会提高它们的预测性能。

在算法编程中，条件设定应遵循以下直觉逻辑：

- 如果当前周期的收盘价高于当前的开盘价以及前一周期的收盘价，并且当前的开盘价高于前一周期的收盘价但低于前一周期的开盘价，则在下一个买入行填入 1。

- 如果当前周期的收盘价低于当前的开盘价以及前一周期的收盘价，并且当前的开盘价低于前一周期的收盘价但高于前一周期的开盘价，则在下一个卖出行填入 –1。

灵活孕线模式的信号函数如下：

```python
def signal(data, open_column, high_column, low_column, close_column,
           buy_column, sell_column):

    data = add_column(data, 5)

    for i in range(len(data)):

        try:

            # 看涨模式
            if data[i, close_column] < data[i - 1, open_column] and \
               data[i, open_column] > data[i - 1, close_column] and \
               data[i, high_column] < data[i - 1, high_column] and \
               data[i, low_column] > data[i - 1, low_column] and \
               data[i, close_column] > data[i, open_column] and \
               data[i - 1, close_column] < data[i - 1, open_column] and \
```

```
                data[i - 2, close_column] < data[i - 2, open_column]:

                    data[i + 1, buy_column] = 1

            # 看跌模式
            elif data[i, close_column] > data[i - 1, open_column] and \
                 data[i, open_column] < data[i - 1, close_column] and \
                 data[i, high_column] < data[i - 1, high_column] and \
                 data[i, low_column] > data[i - 1, low_column] and \
                 data[i, close_column] < data[i, open_column] and \
                 data[i - 1, close_column] > data[i - 1, open_column] and \
                 data[i - 2, close_column] > data[i - 2, open_column]:

                    data[i + 1, sell_column] = -1

    except IndexError:

        pass

    return data
```

图 6-12 展示了以太坊兑美元 (ETHUSD) 上的信号图，其中在总体看涨趋势中的小幅看跌校正后出现了看涨孕线。

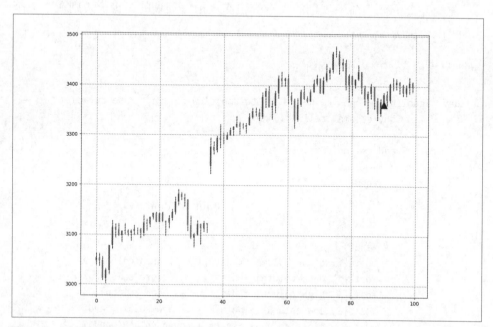

图 6-12：以太坊兑美元 (ETHUSD) 的信号图

表 6-2 总结了灵活孕线模式的回测表现。

表 6-2：灵活孕线模式：业绩汇总表

资产	命中率	盈利因子	风险收益比	交易信号数
EURUSD	50.06%	1.15	1.15	759
USDCHF	53.14%	1.12	0.99	668
GBPUSD	49.81%	1.06	1.06	823
USDCAD	52.15%	1.06	0.97	696
BTCUSD	48.19%	0.96	1.04	554
ETHUSD	48.81%	0.63	0.66	379
GOLD	48.73%	0.77	0.82	870
S&P500	53.75%	1.12	0.96	80
FTSE100	57.44%	1.42	1.05	94

图 6-13 展示了英镑兑美元 (GBPUSD) 上的信号图，在一个局部顶部之前出现了看跌孕线。

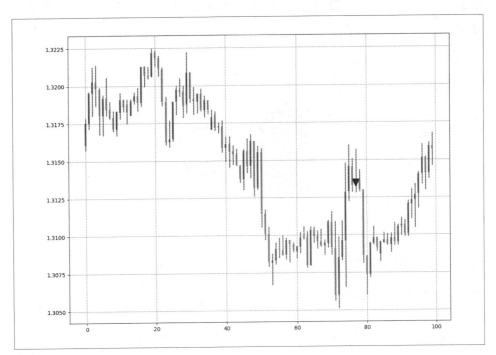

图 6-13：英镑兑美元 (GBPUSD) 上的信号图

现在让我们继续讨论严格的孕线模式。看涨孕线显示了第一根母阴线之后是第二根子阳线，其最高价低于母阴线的开盘价，其最低价高于母阴线的收盘价。图 6-14 展示了一个严格的看涨孕线模式。

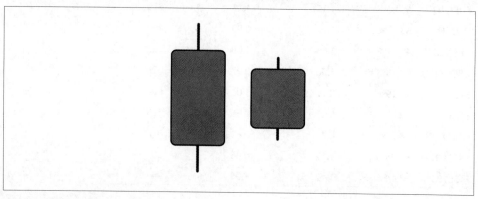

图 6-14：严格的看涨孕线模式

看跌孕线展示了第一根母阳线之后是第二根子阴线，其最高价低于母阳线的收盘价，其最低价高于母阳线的开盘价。图 6-15 展示了一个严格的看跌孕线模式。

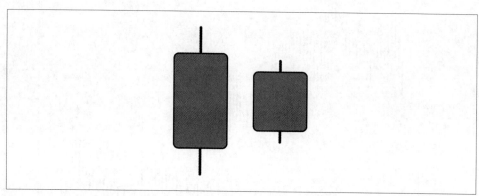

图 6-15：严格的看跌孕线模式

在算法编程中，条件设定应遵循以下直觉逻辑：

- 如果当前 K 线图为阳线，并且完全位于前一个阴线内部，则在下一个买入行中填入 1。

- 如果当前 K 线图为阴线，并且完全位于前一个阳线内部，则在下一个卖出行中填入 –1。

严格孕线模式的信号函数如下：

```python
def signal(data, open_column, high_column, low_column, close_column,
           buy_column, sell_column):

    data = add_column(data, 5)

    for i in range(len(data)):

        try:

            # 看涨模式
            if data[i, close_column] > data[i, open_column] and \
               data[i, high_column] < data[i - 1, open_column] and \
               data[i, low_column] > data[i - 1, close_column] and \
               data[i - 1, close_column] < data[i - 1, open_column] and \
               data[i - 2, close_column] < data[i - 2, open_column]:

                    data[i + 1, buy_column] = 1

            # 看跌模式
            elif data[i, close_column] < data[i, open_column] and \
                 data[i, high_column] < data[i - 1, close_column] and \
                 data[i, low_column] > data[i - 1, open_column] and \
                 data[i - 1, close_column] > data[i - 1, open_column] and \
                 data[i - 2, close_column] > data[i - 2, open_column]:

                    data[i + 1, sell_column] = -1

        except IndexError:

            pass

    return data
```

鉴于严格孕线模式的罕见性，进行回测可能并不会提供太多有价值的信息。数据分析需要大量的输出数据，因此，少量的信号不太可能导致任何稳健的结论。在实践中，与灵活型孕线模式相比，你不应该常见到严格型孕线模式。

总结来说，孕线模式是一种包含两根 K 线图的配置，它有两种变体：灵活型和严格型。通常使用的是灵活型孕线模式，因为它提供了足够的数据进行评估，而严格型孕线模式由于其严苛的条件而极为罕见。

6.3 颈线模式

颈线模式是一个容易理解的双 K 线组合配置。看涨颈线由第一根阴线和第二根阳线组成，第二根阳线以较低的缺口开盘，但恰好收盘于第一根阴线的收盘价。图 6-16 展示了一个看涨颈线模式。

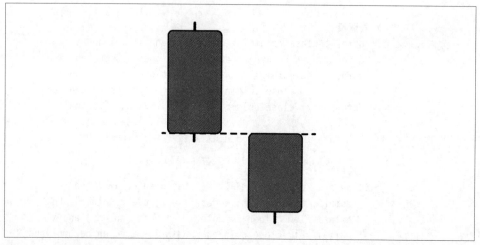

图 6-16：看涨颈线模式

看跌颈线由第一根阳线和第二根阴线组成，第二根阴线以较高的缺口开盘，但恰好收盘于第一根阳线的收盘价。图 6-17 展示了一个看跌颈线模式。

自然地，根据这些条件，你需要如我之前所示的那样对值进行舍入。这是为了在不放弃任何条件的情况下增加信号频率。

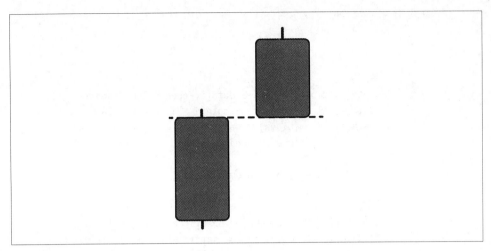

图 6-17：看跌颈线模式

看涨颈线模式的心理直觉来自即使卖家掌控市场，较低的缺口也未能进一步推低市场价格，且买家已设法在前一收盘价收盘，从而掌控了市场。看跌颈线模式有相同的直觉，但方向相反，在此情况下，买家最初掌控市场，然后卖家设法填补缺口并显示他们的存在。

 颈线这一名称来源于第二根 K 线图看起来像是在抓住第一根 K 线图的脖颈。

从算法上讲，条件应遵循以下步骤：

- 如果当前收盘价大于当前开盘价，并且等于前一收盘价，当前开盘价低于前一收盘价，则在下一个买入行填入 1。

- 如果当前收盘价低于当前开盘价，并且等于前一收盘价，当前开盘价高于前一收盘价，则在下一个买入行填入 –1。

颈线模式的信号函数如下：

```
def signal(data, open_column, high_column, low_column, close_column,
           buy_column, sell_column):

    data = add_column(data, 5)
```

```
for i in range(len(data)):

    try:

        # 看涨模式
        if data[i, close_column] > data[i, open_column] and \
            data[i, close_column] == data[i - 1, close_column] and \
            data[i, open_column] < data[i - 1, close_column] and \
            data[i - 1, close_column] < data[i - 1, open_column]:

                data[i + 1, buy_column] = 1

        # 看跌模式
        elif data[i, close_column] < data[i, open_column] and \
            data[i, close_column] == data[i - 1, close_column] and \
            data[i, open_column] > data[i - 1, close_column] and \
            data[i - 1, close_column] > data[i - 1, open_column]:

                data[i + 1, sell_column] = -1

    except IndexError:

        pass

    return data
```

图 6-18 展示了欧元兑美元 (EURUSD) 上的信号图。

表 6-3 总结了该模式的表现。

表 6-3：颈线模式：业绩汇总表

资产	命中率	盈利因子	风险收益比	交易信号数
EURUSD	51.30%	1.14	1.08	191
USDCHF	46.36%	0.88	1.02	220
GBPUSD	54.63%	1.28	1.06	194
USDCAD	50.84%	1.00	0.97	177
BTCUSD	44.04%	0.42	0.53	84
ETHUSD	41.41%	0.56	0.79	99
GOLD	51.56%	1.27	1.19	128
S&P500	36.11%	0.35	0.61	36
FTSE100	57.50%	0.79	0.58	40

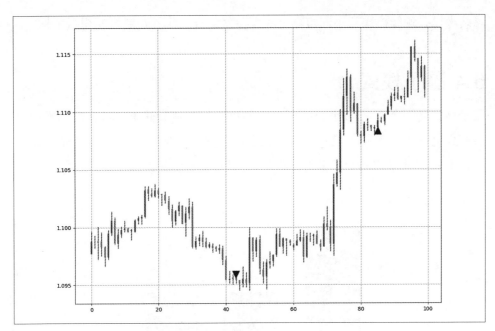

图 6-18：欧元兑美元 (EURUSD) 上的信号图

图 6-19 展示了黄金上的信号图。

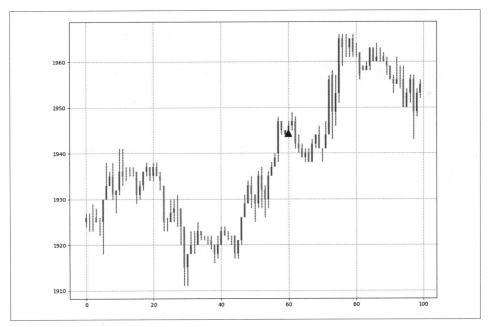

图 6-19：黄金上的信号图

总结来说，颈线模式在不同市场上表现参差不齐。此外，它可能相当罕见。

6.4 镊子模式

镊子模式是一个双 K 线组合的逆向交易模式。它是最简单和最直接的逆向交易模式之一。看涨镊子模式由第一根阴线和第二根阳线组成，第二根 K 线与第一根 K 线共享相同的最低价。图 6-20 展示了一个看涨镊子模式。

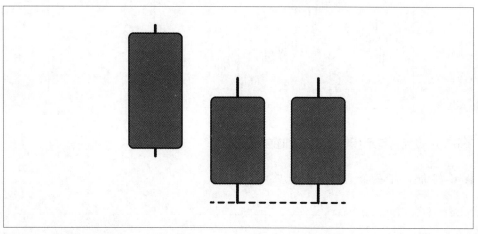

图 6-20：看涨镊子模式

看跌镊子模式由第一根阳线和第二根阴线组成，第二根 K 线与第一根 K 线共享相同的最高价。图 6-21 展示了一个看跌镊子模式。

 这一形态之所以被命名为"镊子形态"，是因为它的两根 K 线图在某一价格点上的对齐，形似镊子的两个夹持端。有人可能会认为，这种以外观命名的方式略显牵强。

看涨镊子模式的心理直觉来自于市场未能形成新低，可能已找到支撑。看跌镊子模式的心理直觉来自于市场未能形成新高，可能已找到阻力。

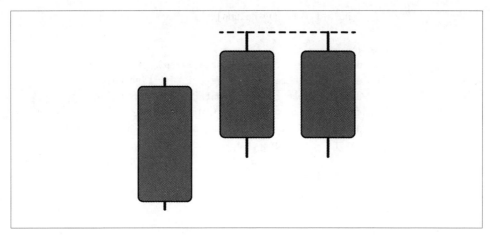

图 6-21：看跌镊子模式

从算法上讲，条件应遵循以下直觉：

- 如果阳线的当前最低价等于前一个阴线的最低价，那么在下一个买入行填入 1。

- 如果阴线的当前最高价等于前一个阳线的最高价，那么在下一个卖出行填入 −1。

镊子模式的信号函数如下：

```
def signal(data, open_column, high_column, low_column, close_column,
        buy_column, sell_column):

    data = add_column(data, 5)

    for i in range(len(data)):

        try:

            # 看涨模式
            if data[i, close_column] > data[i, open_column] and \
               data[i, low_column] == data[i - 1, low_column] and \
               data[i, close_column] - data[i, open_column] < body and \
               data[i - 1, close_column] - data[i - 1, open_column] < body and \
               data[i - 1, close_column] < data[i - 1, open_column] \ and
               data[i - 2, close_column] < data[i - 2, open_column]:
```

```
            data[i + 1, buy_column] = 1

        # 看跌模式
        elif data[i, close_column] < data[i, open_column] and \
            data[i, high_column] == data[i - 1, high_column] and \
            data[i, close_column] - data[i, open_column] < body and \
            data[i - 1, close_column] - data[i - 1, open_column] < \ body and \
            data[i - 1, close_column] > data[i - 1, open_column] and \
            data[i - 2, close_column] > data[i - 2, open_column]:

            data[i + 1, sell_column] = -1

    except IndexError:

        pass

    return data
```

图 6-22 展示了黄金上的信号图。你可以看到，有时在同一区域可能出现许多
镊子模式。

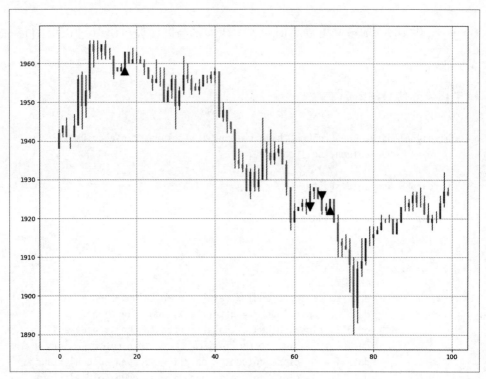

图 6-22：黄金上的信号图

表 6-4 总结了该模式的表现。

表 6-4：镊子模式：业绩汇总表

资产	命中率	盈利因子	风险收益比	交易信号数
EURUSD	50.77%	1.20	1.17	1028
USDCHF	48.27%	1.12	1.20	1104
GBPUSD	49.32%	0.89	0.91	667
USDCAD	49.71%	0.87	0.88	883
BTCUSD	46.61%	1.17	1.35	354
ETHUSD	50.16%	0.82	0.81	911
GOLD	50.57%	1.03	1.01	1038
S&P500	48.61%	0.96	1.01	253
FTSE100	49.04%	1.09	1.14	157

总结来说，镊子模式是一个简单的配置，其结果从略负面到好坏参半。

图 6-23 展示了英国富时 100 指数上的信号图，可以看到底部出现了一个镊子模式。

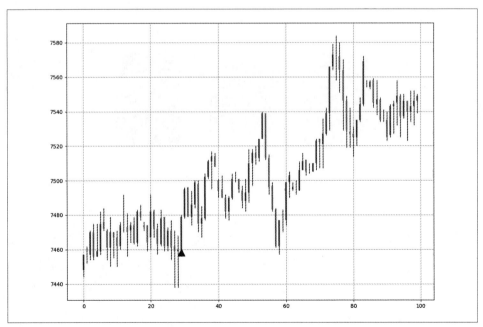

图 6-23：英国富时 100 指数上的信号图

6.5 三明治模式

三明治模式是一个由三根 K 线组成的逆向交易模式，这些 K 线交替出现。看涨三明治由一根阴线开始，然后是一根较小的阳线，最后是一根比第二根 K 线大的阴线。图 6-24 展示了一个看涨三明治模式。

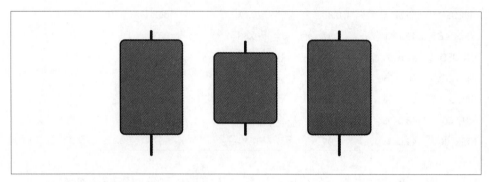

图 6-24：看涨三明治模式

看跌三明治由一根阳线开始，然后是一根较小的阴线，最后是一根比第二根 K 线大的阳线。图 6-25 展示了一个看跌三明治模式。

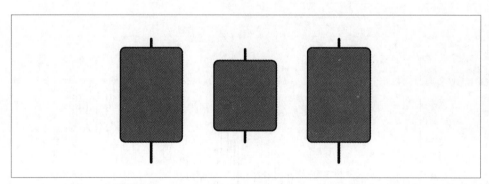

图 6-25：看跌三明治模式

通常，三明治模式出现在一定的趋势中；因此，看涨三明治模式通常出现在熊市价格行为之后，而看跌三明治模式则通常出现在牛市价格行为之后。

三明治模式之所以得名，是因为它看起来像是一个三明治，两边较大的 K 线图代表面包，中间的 K 线图代表夹心。

看涨三明治的心理直觉来源于市场未能形成新的低点，这表明市场可能已经找到了支撑位（类似于镊子线形态的直觉）。而看跌的三明治则来源于市场未能形成新的高点，暗示市场可能已经遇到了阻力。

三明治模式的信号函数如下：

```
def signal(data, open_column, high_column, low_column, close_column,
        buy_column, sell_column):

    data = add_column(data, 5)

    for i in range(len(data)):

        try:

            # 看涨模式
            if data[i, close_column] < data[i, open_column] and \
               data[i, high_column] > data[i - 1, high_column] and \
               data[i, low_column] < data[i - 1, low_column] and \
               data[i - 1, close_column] > data[i - 1, open_column] and \
               data[i - 2, close_column] < data[i - 2, open_column] and \
               data[i - 2, high_column] > data[i - 1, high_column] and \
               data[i - 2, low_column] < data[i - 1, low_column] and \
               data[i - 2, close_column] < data[i - 3, close_column] and \
               data[i - 3, close_column] < data[i - 3, open_column]:

                   data[i + 1, buy_column] = 1

            # 看跌模式
            elif data[i, close_column] > data[i, open_column] and \
                 data[i, high_column] > data[i - 1, high_column] and \
                 data[i, low_column] < data[i - 1, low_column] and \
                 data[i - 1, close_column] < data[i - 1, open_column] and \
                 data[i - 2, close_column] > data[i - 2, open_column] and \
                 data[i - 2, high_column] > data[i - 1, high_column] and \
                 data[i - 2, low_column] < data[i - 1, low_column] and \
                 data[i - 2, close_column] > data[i - 3, close_column] and \
```

```
              data[i - 3, close_column] > data[i - 3, open_column]:

                  data[i + 1, sell_column] = -1

       except IndexError:

              pass

    return data
```

图 6-26 展示了英镑兑美元 (GBPUSD) 上的信号图。

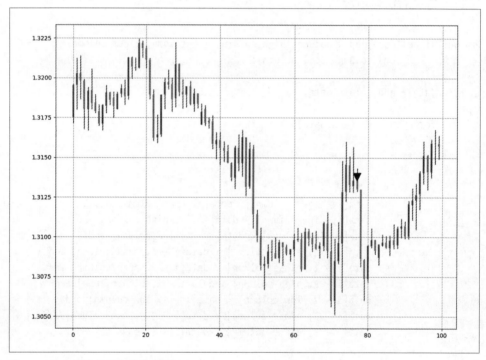

图 6-26：英镑兑美元上的信号图

图 6-27 展示了美元兑加拿大元 (USDCAD) 上的信号图。

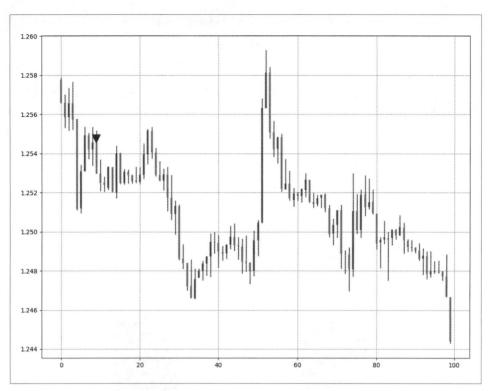

图 6-27：美元兑加拿大元上的信号图

表 6-5 总结了该模式的表现。

表 6-5：三明治模式：业绩汇总表

资产	命中率	盈利因子	风险收益比	交易信号数
EURUSD	44.26%	0.73	0.92	253
USDCHF	47.53%	1.00	1.10	284
GBPUSD	49.37%	0.97	0.99	318
USDCAD	49.12%	1.01	1.05	285
BTCUSD	51.12%	1.88	1.80	178
ETHUSD	50.37%	1.56	1.54	135
GOLD	50.99%	0.96	0.92	251
S&P500	56.86%	1.19	0.90	51
FTSE100	53.84%	2.62	2.24	39

总结来说，三明治模式在本章介绍的其他模式中略胜一筹。这使它成为一个结合技术指标和其他退出技术的有趣候选者。

6.6 锤头模式

从技术上讲，锤头模式只是四个不同（但相似）的 K 线图的统称，它们被称为流星、上吊线、锤子和倒锤。根据我的经验，只有锤子和倒锤值得追求，因为它们有一个将在本节后面讨论的有效直觉。

看涨锤子是一根阳线，有一个长的下影线，没有上影线。此外，它必须有一个相对较小的实体。图 6-28 展示了一个看涨锤子。

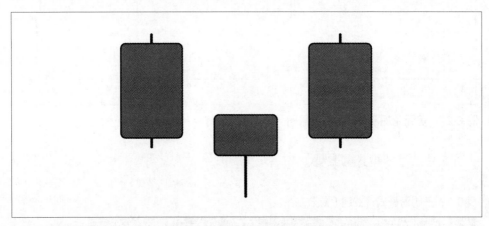

图 6-28：看涨锤子

看跌锤子是一根阴线，有一个长的上影线，没有下影线。此外，它必须有一个相对较小的实体。图 6-29 展示了一个看跌锤子。

 锤头模式的名称来源于长影线看起来像锤子的柄，而 K 线图的实体看起来像锤子的头。

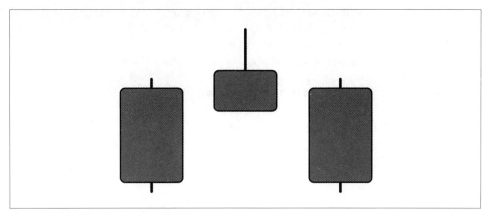

图 6-29：看跌锤子

看涨锤子背后的直觉是，在小时（或 K 线图的时间段）期间形成极端低点之后，买家设法以高于开盘价的价格收盘。相反，看跌锤子背后的直觉是，在形成极端高点之后，卖家设法以低于开盘价的价格收盘，从而掌握了主导权。

锤头模式的信号函数如下：

```python
def signal(data, open_column, high_column, low_column, close_column,
           buy_column, sell_column):

    data = add_column(data, 5)

    for i in range(len(data)):

        try:

            # 看涨模式
            if data[i, close_column] > data[i, open_column] and \
               abs(data[i - 1, close_column] - data[i - 1, open_column]) \
               < body and min(data[i - 1, close_column], data[i - 1, \
               open_column]) - data[i - 1, low_column] > 2 * wick and \
               data[i - 1, close_column] == data[i - 1, high_column] and \
               data[i - 2, close_column] < data[i - 2, open_column]:

                data[i + 1, buy_column] = 1

            # 看跌模式
            elif data[i, close_column] < data[i, open_column] and \
                 abs(data[i -1, close_column] - data[i - 1, open_column]) \
```

```
            < body and data[i - 1, high_column] - max(data[i - 1, \
        close_column], data[i - 1, open_column]) > 2 * wick and \
        data[i - 1, close_column] == data[i - 1, low_column] and \
        data[i - 2, close_column] > data[i - 2, open_column]:

            data[i + 1, sell_column] = -1

    except IndexError:

        pass

    return data
```

图 6-30 展示了英镑兑美元 (GBPUSD) 上的信号图。

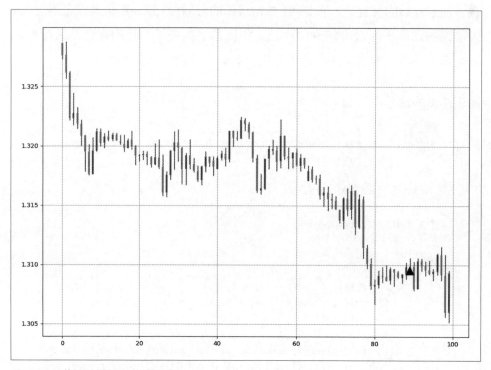

图 6-30：英镑兑美元上的信号图

表 6-6 总结了该模式的表现。

表 6-6：锤头模式：业绩汇总表

资产	命中率	盈利因子	风险收益比	交易信号数
EURUSD	47.82%	1.24	1.36	23
USDCHF	61.11%	1.93	1.23	36
GBPUSD	47.61%	0.87	0.96	21
USDCAD	42.85%	0.7	0.94	28
BTCUSD	52.63%	2.39	2.14	19
ETHUSD	60.00%	1.08	0.72	20
GOLD	47.36%	1.09	1.22	38
S&P500	57.57%	2.22	1.63	33
FTSE100	55.00%	1.22	0.99	20

总结来说，锤头模式是一个简单直观的配置，但可能相当罕见，这使得对其性能的评估存在偏见。

图 6-31 展示了美元兑加拿大元 (USDCAD) 上的信号图。

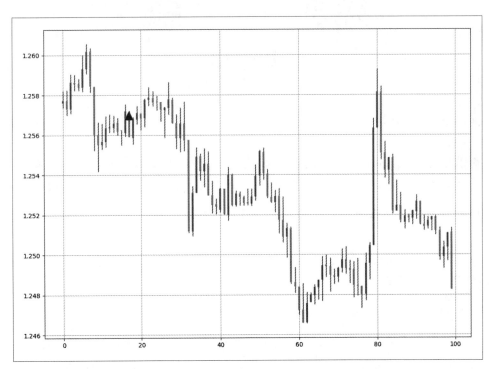

图 6-31：美元兑加拿大元 (USDCAD) 上的信号图

6.7 星形模式

星形模式是一个三 K 线组合的逆向交易模式，比其他模式更不常见。这是因为它结合了跳空缺口和颜色交替，使其不太可能频繁发生。

看涨星形模式，也称为晨星模式，由一根阴线开始，随后是一根小实体的 K 线，并且其位置低于前一根 K 线（出现跳空）。接着出现第三根阳线，其位置高于中间的 k 线（再次跳空）。图 6-32 展示了晨星模式。

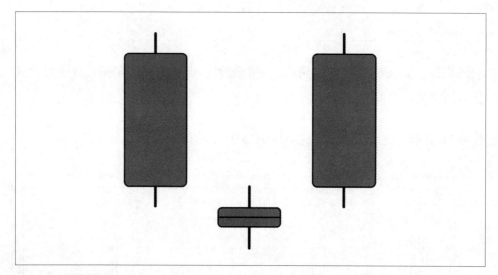

图 6-32：晨星模式

看跌星形模式，也称为晚星模式，由一根阳线开始，随后是一根小实体的 K 线，其位置高于前一根 K 线（出现跳空）。接着出现第三根阴线，其位置低于中间的 K 线（再次跳空）。图 6-33 展示了晚星模式。

 星形模式之所以得名，是因为中间的 K 线被隔离开来，看起来像一个遥远的星星。

晨星背后的直觉是市场完美地形成了 U 形转折，并且需求现在比之前更健康，因为平衡发生了变化（由第三个阳线确认）。晚星也适用相同的直觉。

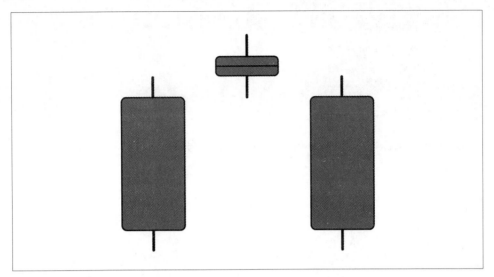

图 6-33：晚星模式

星形模式的信号函数如下：

```
def signal(data, open_column, high_column, low_column, close_column,
        buy_column, sell_column):

    data = add_column(data, 5)

    for i in range(len(data)):

        try:

            # 看涨模式
            if data[i, close_column] > data[i, open_column] and \
               max(data[i - 1, close_column], data[i - 1, open_column]) \
               < data[i, open_column] and max(data[i - 1, close_column], \
               data[i - 1, open_column]) < data[i - 2, close_column] and \
               data[i - 2, close_column] < data[i - 2, open_column]:

                    data[i + 1, buy_column] = 1

            # 看跌模式
            elif data[i, close_column] < data[i, open_column] and \
                min(data[i - 1, close_column], data[i - 1, open_column]) \
                > data[i, open_column] and min(data[i - 1, close_column],\
                data[i - 1, open_column]) > data[i - 2, close_column] \
                and data[i - 2, close_column] > data[i - 2, open_column]:
```

```
                    data[i + 1, sell_column] = -1

        except IndexError:

            pass

    return data
```

图 6-34 展示了标普 500 指数 (S&P 500) 上的信号图。

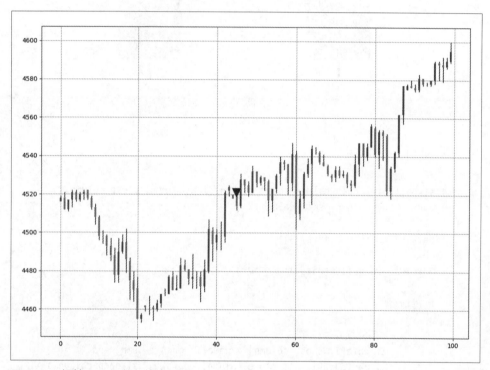

图 6-34：标普 500 指数上的信号图

由于模式的罕见性，回测结果并未给出。

6.8 穿刺模式

穿刺模式是技术模式识别领域中最为人所知的双 K 线组合配置之一。看涨穿刺模式由一根阴线和一根阳线组成，后者在较低的缺口开盘并收盘在前一根 K 线的收盘价之上但低于其开盘价。图 6-35 展示了一个看涨穿刺模式。

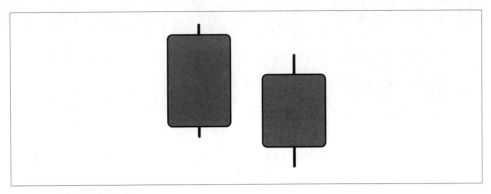

图 6-35：看涨穿刺模式

看跌穿刺模式由一根阳线和一根阴线组成，后者在较高的缺口开盘并收盘在前一根 K 线的收盘价之下但高于其收盘价。图 6-36 展示了一个看跌穿刺模式。

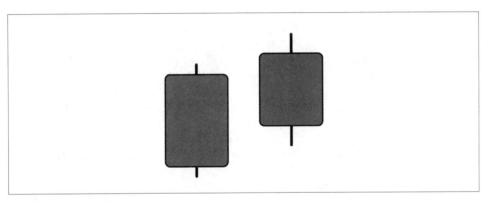

图 6-36：看跌穿刺模式

 穿刺模式之所以得名，是因为第二根 K 线从外部穿透了第一根 K 线。

看涨穿刺模式背后的直觉是，尽管市场以较低的缺口开盘，但前一收盘价被超过了。这个模式显示出买家不愿放弃购买，他们的购买活动阻止了市场的进一步下跌。同样，看跌穿刺模式中，卖家拒绝离开缺口不填，并控制了市场。

穿刺模式的信号函数如下：

```python
def signal(data, open_column, close_column, buy_column, sell_column):

    data = add_column(data, 5)

    for i in range(len(data)):

        try:

            # 看涨模式
            if data[i, close_column] > data[i, open_column] and \
                data[i, close_column] < data[i - 1, open_column] and \
                data[i, close_column] > data[i - 1, close_column] and \
                data[i, open_column] < data[i - 1, close_column] and \
                data[i - 1, close_column] < data[i - 1, open_column] and \
                data[i - 2, close_column] < data[i - 2, open_column]:

                    data[i + 1, buy_column] = 1

            # 看跌模式
            elif data[i, close_column] < data[i, open_column] and \
                data[i, close_column] > data[i - 1, open_column] and \
                data[i, close_column] < data[i - 1, close_column] and \
                data[i, open_column] > data[i - 1, close_column] and \
                data[i - 1, close_column] > data[i - 1, open_column] and \
                data[i - 2, close_column] > data[i - 2, open_column]:

                    data[i + 1, sell_column] = -1

        except IndexError:

            pass

    return data
```

图 6-37 展示了黄金上的信号图。

图 6-38 展示了英国富时 100 指数上的信号图。

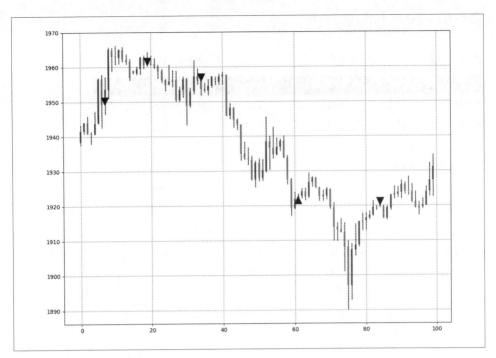

图 6-37：黄金上的信号图

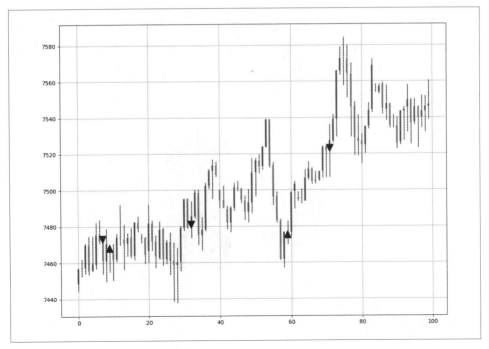

图 6-38：英国富时 100 指数上的信号图

表 6-7 总结了穿刺模式的表现。

表 6-7：穿刺模式：绩效汇总表

资产	命中率	盈利因子	风险收益比	交易信号数
EURUSD	51.41%	0.95	0.90	1904
USDCHF	49.26%	0.93	0.95	1961
GBPUSD	50.83%	0.84	0.81	1985
USDCAD	50.73%	0.93	0.90	1961
BTCUSD	50.88%	0.87	0.84	1584
ETHUSD	48.68%	0.91	0.96	1066
GOLD	51.30%	0.96	0.92	2341
S&P500	49.46%	1.06	1.07	186
FTSE100	49.49%	0.96	0.98	295

穿刺模式可能很常见，但与其他模式相比，其盈利能力较低。

6.9 吞没模式

吞没模式，一个双 K 线组合的逆向交易模式，它是孕线模式的镜像。有趣的是，它们都具有逆势性质。看涨吞没模式由第一根阴线和第二根完全包围它的阳线组成，且以严格的方式。图 6-39 展示了一个看涨吞没模式。

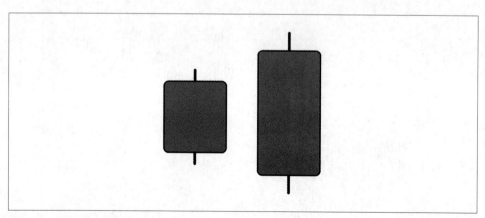

图 6-39：看涨吞没模式

看跌吞没模式由第一根阳线和随后的一根阴线组成，后者完全包围了前者，也是以严格的方式。图 6-40 展示了一个看跌吞没模式。

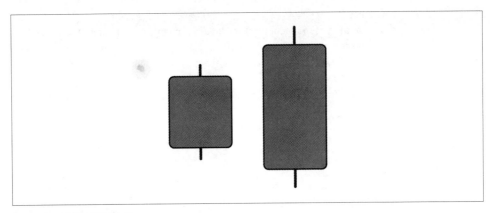

图 6-40：看跌吞没模式

 吞没模式之所以得名，是因为第二根 K 线完全覆盖（或吞没）了第一根 K 线。

吞没模式背后的直觉在于第二根 K 线图完全遮蔽了第一根 K 线。显然，当发生吞没时，表明动态发生了变化，这一变化由相反方向的较大 K 线指示。

吞没模式的信号函数如下：

```python
def signal(data, open_column, close_column, buy_column, sell_column):

    data = add_column(data, 5)

    for i in range(len(data)):

        try:

            # 看涨模式
            if data[i, close_column] > data[i, open_column] and \
               data[i, open_column] < data[i - 1, close_column] and \
               data[i, close_column] > data[i - 1, open_column] and \
               data[i - 1, close_column] < data[i - 1, open_column] and \
```

```
                data[i - 2, close_column] < data[i - 2, open_column]:

                        data[i + 1, buy_column] = 1

        # 看跌模式
        elif data[i, close_column] < data[i, open_column] and \
            data[i, open_column] > data[i - 1, close_column] and \
            data[i, close_column] < data[i - 1, open_column] and \
            data[i - 1, close_column] > data[i - 1, open_column] and \
            data[i - 2, close_column] > data[i - 2, open_column]:

                        data[i + 1, sell_column] = -1

    except IndexError:

        pass

    return data
```

图 6-41 展示了欧元兑美元 (EURUSD) 上的信号图。

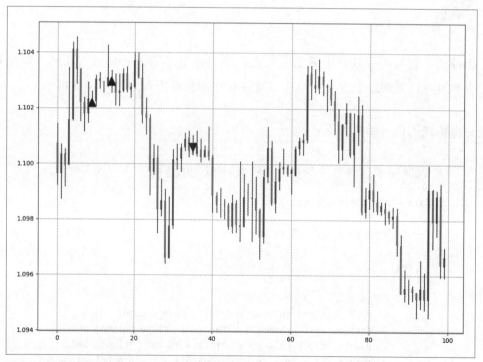

图 6-41：欧元兑美元 (EURUSD) 上的信号图

表 6-8 总结了该模式的表现。

表 6-8：吞没模式：业绩汇总表

资产	命中率	盈利因子	风险收益比	交易信号数
EURUSD	46.73%	0.94	1.07	1881
USDCHF	47.46%	0.95	1.05	1890
GBPUSD	49.87%	1.06	1.06	1989
USDCAD	48.96%	1.00	1.04	1793
BTCUSD	47.88%	0.92	1.00	1251
ETHUSD	47.71%	1.03	1.13	876
GOLD	47.08%	0.97	1.09	2130
S&P500	50.25%	0.97	0.96	193
FTSE100	42.49%	0.64	0.87	313

图 6-42 展示了比特币 (BTCUSD) 上的信号图。

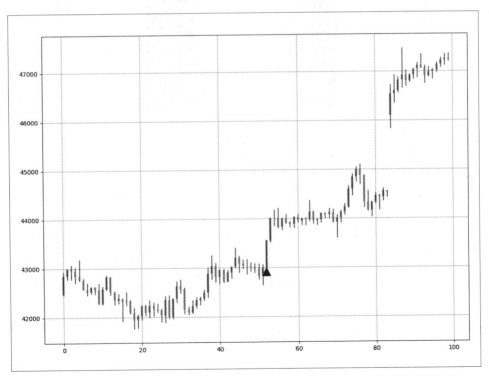

图 6-42：比特币上的信号图

总结来说，吞没模式在可预测性方面与穿刺模式相似。两种模式可能都会从改变交易条件，如进场和出场，中受益。

6.10 弃婴模式

这实际上不是一个真正可交易的模式，因为它极其罕见。我只是出于教育目的覆盖它，因为你不应该期望在实践中看到太多这样的模式。弃婴是一个三K线组合配置，中间的 K 线是一个十字星。看涨弃婴由一根阴线开始，然后是一根低开的十字星 K 线，它的最高价没有触及第一根 K 线的最低价。最后，它有第三根阳线，其低点也没有触及中间 K 线的最高点。图 6-43 展示了一个看涨弃婴模式。

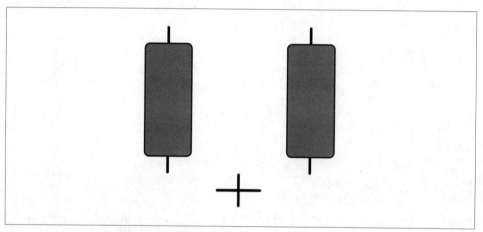

图 6-43：看涨弃婴模式

看跌弃婴由一根阳线开始，然后是一根高开的十字星 K 线，其低点没有触及第一根 K 线的最高点。最后，有一根阴线，其高点也没有触及中间 K 线图的最低点。图 6-44 展示了一个看跌弃婴模式。

弃婴模式之所以得名，是因为中间的 K 线完全被隔离，其影线没有触及其他两根 K 线的影线。

这种模式对于流动性较差的股票和其他资产可能更常见。通常情况下，流动性强和主要市场很少看到这种复杂的配置。

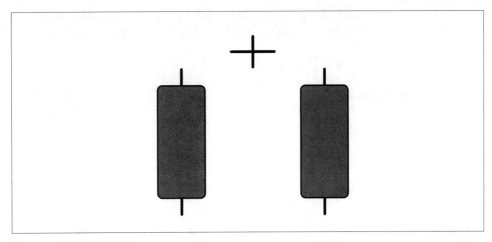

图 6-44：看跌弃婴模式

看涨弃婴背后的直觉是市场已经形成了 U 形转折，需求现在比之前更健康，因为平衡发生了变化。看跌弃婴也适用同样的直觉。

弃婴模式的信号函数如下：

```python
def signal(data, open_column, high_column, low_column, close_column,
           buy_column, sell_column):

    data = add_column(data, 5)

    for i in range(len(data)):

        try:

            # 看涨模式
            if data[i, close_column] > data[i, open_column] and \
               data[i - 1, close_column] == data[i - 1, open_column] and \
               data[i - 1, high_column] < data[i, low_column] and \
               data[i - 1, high_column] < data[i - 2, low_column] and \
               data[i - 2, close_column] < data[i - 2, open_column]:

                    data[i + 1, buy_column] = 1

            # 看跌模式
            elif data[i, close_column] < data[i, open_column] and \
                 data[i - 1, close_column] == data[i - 1, open_column] and \
                 data[i - 1, low_column] > data[i, high_column] and \
```

```
                    data[i - 1, low_column] > data[i - 2, high_column] and \
                    data[i - 2, close_column] > data[i - 2, open_column]:

                        data[i + 1, sell_column] = -1

        except IndexError:

                pass

    return data
```

我不会展示这个模式的业绩，因为没有足够的数据来得出任何结论。

总结来说，弃婴模式大多是理论上的，它在书籍中看起来不错，但实际上它非常稀少，以至于你不能判断其业绩。此外，检测到的少数模式并没有显示出太多的预测潜力，这使得弃婴成为一个美丽的神话配置，在业绩方面不符合其声誉。

6.11 陀螺模式

陀螺模式是一个三 K 线组合的逆向交易模式，类似于十字星模式，但通常更常见，并间接暗示了波动性地增加。看涨陀螺由一根阴线开始，然后是一根小实体 K 线，有长影线（高点和低点）。最后，出现一根阳线以确认预期的上升移动。图 6-45 展示了一个看涨陀螺模式。

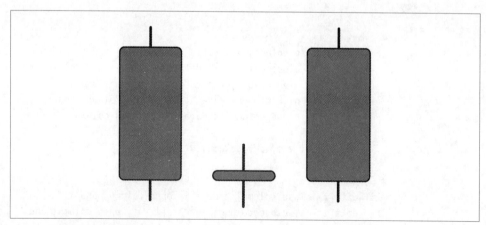

图 6-45：看涨陀螺模式

看跌陀螺由一根阳线开始，然后是一根小实体K线图，有长影线（高点和低点）。最后，出现一根阴线以确认预期的下降移动。图6-46展示了一个看跌陀螺模式。

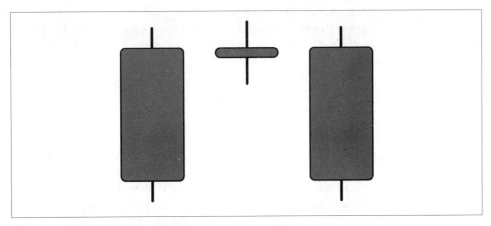

图6-46：看跌陀螺模式

 陀螺模式之所以得名，显然是因为它像一个陀螺。

陀螺模式背后的直觉与十字星模式相同，尽管它的力量不那么强大，因为收盘价并不完全等于开盘价。然而，由长影线产生的波动性显示出买卖双方的斗争，并可能预示着在模式之后会出现明确的方向。

陀螺模式的信号函数如下：

```
def signal(data, open_column, high_column, low_column, close_column,
        buy_column, sell_column):

    data = add_column(data, 5)

    for i in range(len(data)):

        try:
```

```
# 看涨模式
if data[i, close_column] - data[i, open_column] > body and \
    data[i - 1, high_column] - data[i - 1, close_column] >= wick \
    and data[i - 1, open_column] - data[i - 1, low_column] >= \
    wick and data[i - 1, close_column] - data[i - 1, \
    open_column] < body and data[i - 1, close_column] > data[i \
    - 1, open_column] and data[i - 2, close_column] < data[i - \
    2, open_column] and data[i - 2, open_column] - data[i - 2, \
    close_column] > body:

        data[i + 1, buy_column] = 1

# 看跌模式
elif data[i, open_column] - data[i, close_column] > body and \
    data[i - 1, high_column] - data[i - 1, open_column] >= \
    wick and data[i - 1, close_column] - data[i - 1, \
    low_column] >= wick and data[i - 1, open_column] - \
    data[i - 1, close_column] < body and data[i - 1, \
    close_column] < data[i - 1, open_column] and data[i - 2, \
    close_column] > data[i - 2, open_column] and data[i - 2, \
    close_column] - data[i - 2, open_column] > body:

        data[i + 1, sell_column] = -1

except IndexError:

    pass

return data
```

图 6-47 展示了英国富时 100 指数 (FTSE 100) 上的信号图。

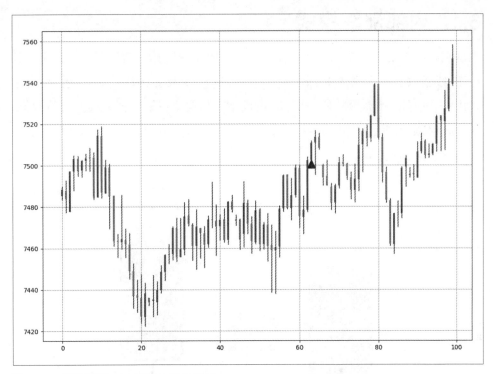

图 6-47：英国富时 100 指数上的信号图

表 6-9 总结了该模式的表现。

表 6-9：陀螺模式：业绩汇总表

资产	命中率	盈利因子	风险收益比	交易信号数
EURUSD	51.02%	0.87	0.83	243
USDCHF	49.69%	0.79	0.80	163
GBPUSD	48.79%	1.14	1.19	414
USDCAD	45.22%	0.79	0.96	272
BTCUSD	48.62%	0.77	0.81	401
ETHUSD	38.37%	0.66	1.06	185
GOLD	41.22%	0.62	0.88	228
S&P500	50.00%	1.18	1.18	36
FTSE100	42.34%	0.84	1.14	111

6.12 内部涨跌模式

内部涨跌模式是一个由三根 K 线组成的逆向交易模式，内部涨跌模式中，初始 K 线紧跟着两根确认 K 线，这个模式表示着初始走向的结束。内部上涨模式由一根阴线开始，然后是一根较小的阳线，其实体在第一根 K 线的实体内部。最后，必须出现一根阳线，并且超过第一根 K 线的开盘价。图 6-48 展示了一个内部上涨模式。

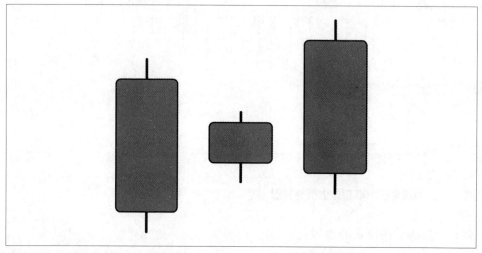

图 6-48：内部上涨模式

内部下跌模式由一根阳线开始，然后是一根较小的阴线，其实体在第一根 K 线的实体内部。最后，必须出现一根阴线，并且突破第一根 K 线的开盘价。图 6-49 展示了一个内部下跌模式。

 K 线的实体是开盘价和收盘价之间的绝对差值，而 K 线的范围是最高价和最低价之间的绝对差值。

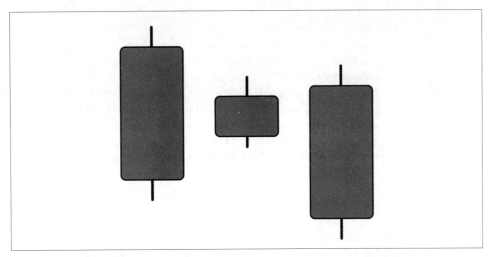

图 6-49：内部下跌模式

内部上涨模式背后的直觉是，在占主导地位的看跌趋势之后，买家正在取得控制权。第二根 K 线展示了力量平衡之前的第一个信号，然后第三根 K 线通过超过第二根 K 线的收盘价来确认这一新动向。第二根 K 线的实体被包含在第一根 K 线的实体内部，表明卖家不能将价格推低，这是一个迹象，表明他们开始挣扎。内部下跌模式背后的直觉是，在占主导地位的看涨趋势之后，卖家正在取得控制权。第二根 K 线的实体被包含在第一根 K 线图的实体内部，表明买家不能将价格推高。

请注意，内部涨跌模式就像是一个孕线模式，后面跟着一根大 K 线，确认了新方向。

内部涨跌模式的信号函数如下：

```
def signal(data, open_column, high_column, low_column, close_column,
           buy_column, sell_column):

    data = add_column(data, 5)

    for i in range(len(data)):

        try:
```

```python
        # 看涨模式
        if data[i - 2, close_column] < data[i - 2, open_column] and \
           abs(data[i - 2, open_column] - data[i - 2, close_column]) > \
           body and data[i - 1, close_column] < data[i - 2, \
           open_column] and data[i - 1, open_column] > data[i - 2, \
           close_column] and data[i - 1, close_column] > data[i - 1, \
           open_column] and data[i, close_column] > data[i - 2, \
           open_column] and data[i, close_column] > data[i, \
           open_column] and abs(data[i, open_column] - data[i, \
           close_column]) > body:

                data[i + 1, buy_column] = 1

        # 看跌模式
        elif data[i - 2, close_column] > data[i - 2, open_column] and \
             abs(data[i - 2, close_column] - data[i - 2, open_column]) \
             > body and data[i - 1, close_column] > data[i - 2, \
             open_column] and data[i - 1, open_column] < data[i - 2, \
             close_column] and data[i - 1, close_column] < data[i - 1, \
             open_column] and data[i, close_column] < data[i - 2, \
             open_column] and data[i, close_column] < data[i, \
             open_column] and abs(data[i, open_column] - data[i, \
             close_column]) > body:

                data[i + 1, sell_column] = -1

    except IndexError:

        pass

    return data
```

图 6-50 展示了美元兑加拿大元 (USDCAD) 上的信号图。

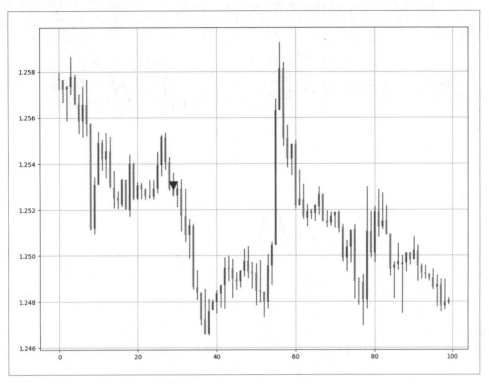

图 6-50：美元兑加拿大元上的信号图

表 6-10 总结了该模式的性能。

表 6-10：内部涨跌模式：业绩汇总表

资产	命中率	盈利因子	风险收益比	交易信号数
EURUSD	49.82%	0.94	0.95	572
USDCHF	48.89%	0.98	1.02	452
GBPUSD	48.86%	1.15	1.20	659
USDCAD	50.93%	1.26	1.22	591
BTCUSD	51.40%	1.30	1.23	214
ETHUSD	42.22%	0.73	1.00	90
GOLD	46.73%	0.73	0.83	199
S&P500	50.00%	0.62	0.62	64
FTSE100	54.13%	1.04	0.88	133

图 6-51 展示了以太坊 / 兑美元 (ETHUSD) 上的信号图。

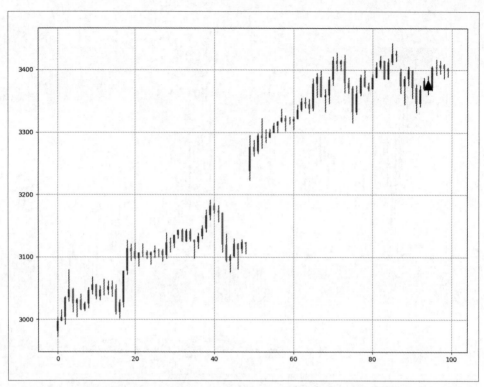

图 6-51：以太坊 / 兑美元 (ETHUSD) 上的信号图

6.13 塔形模式

塔形模式是一个多 K 线组合（通常为五个）的逆向交易模式，它标志着逐渐趋势的结束。塔底模式以一根阴线开始，后面是三根小实体 K 线，中间的一根略低于其他两根。最后，出现一根正常大小的阳线来确认上行出口。图 6-52 展示了一个塔底模式。

塔顶模式以一根阳线开始，后面是三根小实体 K 线，中间的一根略高于其他两根。最后，出现一根正常大小的阴线来确认下行出口。图 6-53 展示了一个塔顶模式。

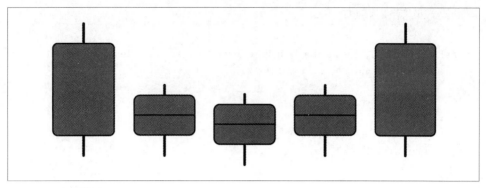

图 6-52：塔底模式

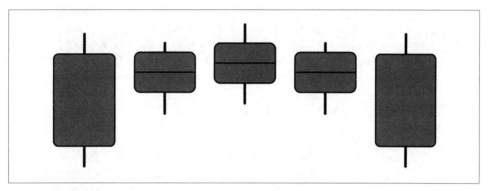

图 6-53：塔顶模式

塔形模式是一个稳定配置，暗示着初始趋势的可能结束。

塔底模式背后的直觉是，在经过一段看跌行情之后，小实体 K 线暗示着可能的稳定，这最终被最后一根阳线所证实，预示着预期的看涨反转。塔顶模式也是如此，它暗示着可能的整固，最后一根阴线验证了看跌行情。

多 K 线模式有时很难编码，因为它们的条件不明确。存在许多版本的塔形模式，但我发现坚持使用最多五根 K 线比创建涉及更多 K 线的条件更好。

塔形模式的信号函数如下：

```python
def signal(data, open_column, high_column, low_column, close_column,
           buy_column, sell_column):

    data = add_column(data, 5)

    for i in range(len(data)):

        try:

            # 看涨模式
            if data[i, close_column] > data[i, open_column] and \
               data[i, close_column] - data[i, open_column] > body and \
               data[i - 2, low_column] < data[i - 1, low_column] and \
               data[i - 2, low_column] < data[i - 3, low_column] and \
               data[i - 4, close_column] < data[i - 4, open_column] and \
               data[i - 4, open_column] - data[i, close_column] > body:

                data[i + 1, buy_column] = 1

            # 看跌模式
            elif data[i, close_column] < data[i, open_column] and \
                 data[i, open_column] - data[i, close_column] > body and \
                 data[i - 2, high_column] > data[i - 1, high_column] and \
                 data[i - 2, high_column] > data[i - 3, high_column] and \
                 data[i - 4, close_column] > data[i - 4, open_column] and \
                 data[i - 4, close_column] - data[i, open_column] > body:

                data[i + 1, sell_column] = -1

        except IndexError:

            pass

    return data
```

图 6-54 展示了美元兑加拿大元 (USDCAD) 上的信号图。

图 6-55 展示了英镑兑美元 (GBPUSD) 上的信号图。

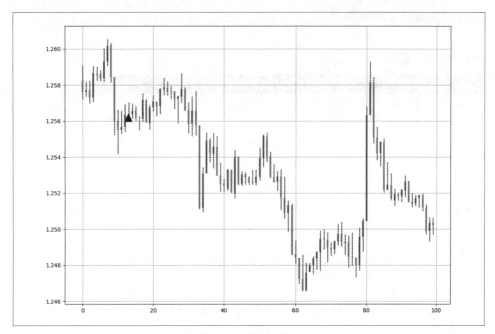

图 6-54：美元兑加拿大元上的信号图

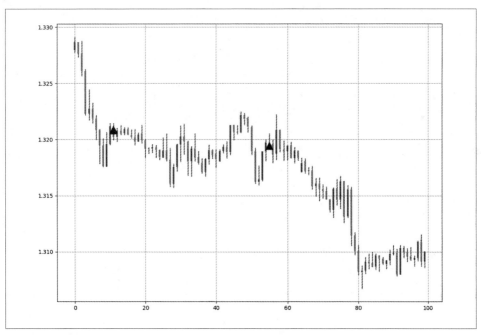

图 6-55：英镑兑美元上的信号图

表 6-11 总结了该模式的表现。

表 6-11：塔形模式：业绩汇总表

资产	命中率	盈利因子	风险收益比	交易信号数
EURUSD	49.31%	1.01	1.04	878
USDCHF	50.47%	1.2	1.18	735
GBPUSD	46.30%	0.95	1.10	1203
USDCAD	50.44%	1.09	1.07	1013
BTCUSD	43.33%	1.06	1.38	503
ETHUSD	45.45%	0.88	1.05	231
GOLD	47.32%	0.73	0.81	336
S&P500	43.75%	0.85	1.09	16
FTSE100	50.00%	1.27	1.27	60

综上所述，塔形模式在本章介绍的其他模式中表现略有优势。这使其成为一个结合技术指标和其他退出技术的有趣候选者。

第 7 章

现代逆向交易模式

本章我们继续对逆向交易的探讨，介绍现代的逆向交易模式，这是我多年来观察到的 K 线图形态，它们可以作为对已知模式的补充。

与之前一样，本章的目的是描述这些模式的客观条件并对它们进行回测，以便你对它们的出现频率和可预测性形成自己的看法。

7.1 双胞胎模式

在德语中，"Doppelgänger" 意味着 "双行者" 或 "影子人"，通常用来指那些长得一模一样但生物学上并不相关的人。双胞胎模式是我喜欢用来确认中期反转的三 K 线组合反转配置。

图 7-1 展示了一个看涨的双胞胎模式。该模式由一根阴线和两根数值相似的 K 线组成（高点和低点相同，它们必须有相同的开盘价和收盘价，或收盘价必须等于开盘价），对它们的类型（看涨或看跌）有一定的灵活性。

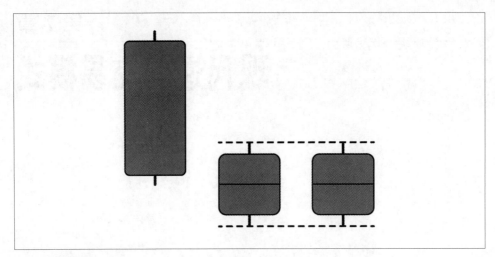

图 7-1：看涨的双胞胎

相比之下，图 7-2 展示了理论中的看跌双胞胎模式。该模式由一根阳线和两根数值相似的 K 线组成，对它们的类型（看涨或看跌）也有灵活性。请注意，这些是理论上的条件，在现实生活中，可能会增加一些灵活性（正如你将在本章中看到的）。

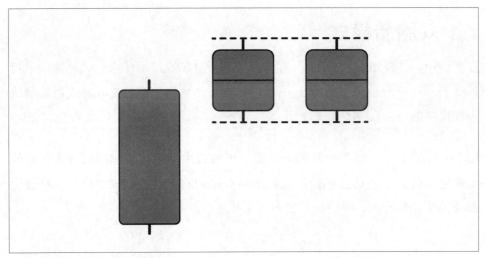

图 7-2：看跌的双胞胎

理想情况下，当下一根 K 线超过相似高点时，会确认看涨反转；类似地，当下一根 K 线突破相似低点时，会确认看跌反转。这是一个可选条件，将模式转变为四 K 线组合配置。

双胞胎模式的合理性在于力量平衡的概念。对于相似的 K 线，市场在当前总体方向上表现出犹豫，这可能导致市场趋势的完全转变。此外，在看涨双胞胎形态中，最低点的相等，以及在看跌的双胞胎形态中，最高点的相等，分别等同于支撑位和阻力位的概念。

为了增加信号的频率，你需要像前几章所见的那样对值进行四舍五入。对于外汇数据，无需保留小数位，对于其他回测资产，你需要零小数位。

从算法上讲，真实条件如下：

- 如果当前最高价等于前一最高价，当前低点等于前一最低价，且两个周期前的 K 线图为看涨，则在下一行填入 1，作为开盘价上的买入信号的表示。

- 如果当前最高价等于前一最高价，当前低点等于前一最低价，且两个周期前的 K 线图为看跌，则在下一行填入 –1，作为开盘价上的卖出信号的表示。

 尝试编码增加第四根 K 线的可选条件。作为提醒，这个条件旨在筛选虚假信号，但可能最终过滤掉了太多信号。

你可以通过以下代码片段为双胞胎模式编写信号函数：

```
def signal(data, open_column, high_column, low_column, close_column,
          buy_column, sell_column):

    data = add_column(data, 5)

    data = rounding(data, 4) # 对于外汇对，使用 4 位小数

    for i in range(len(data)):

        try:
```

```
# 看涨模式
if data[i - 2, close_column] < data[i - 2, open_column] and \
   data[i - 1, close_column] < data[i - 2, open_column] and \
   data[i, high_column] == data[i - 1, high_column] and \
   data[i, low_column] == data[i - 1, low_column]:

        data[i + 1, buy_column] = 1

# 看跌模式
elif data[i - 2, close_column] > data[i - 2, open_column] and \
     data[i - 1, close_column] > data[i - 2, open_column] and \
     data[i, high_column] == data[i - 1, high_column] and \
     data[i, low_column] == data[i - 1, low_column]:

        data[i + 1, sell_column] = -1

    except IndexError:

        pass

    return data
```

图 7-3 展示了英镑兑美元 (GBPUSD) 上的信号图。

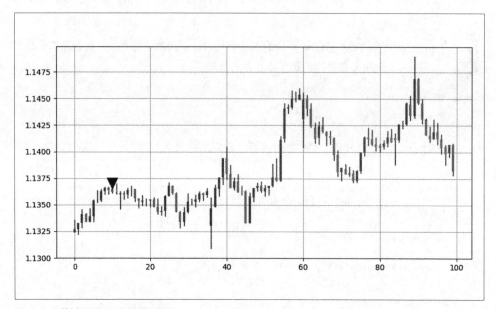

图 7-3：英镑兑美元上的信号图

双胞胎模式并不常见。图 7-4 展示了美元兑瑞士法郎 (USDCHF) 上的另一个
信号图。

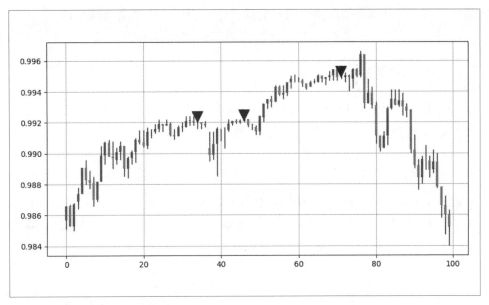

图 7-4：美元兑瑞士法郎上的信号图

表 7-1 总结了双胞胎模式的表现。

表 7-1：双胞胎模式：业绩汇总表

资产	命中率	盈利因子	风险收益比	交易信号数
EURUSD	46.42%	0.97	1.12	448
USDCHF	50.00%	0.89	0.89	558
GBPUSD	48.05%	1.07	1.16	283
USDCAD	45.52%	0.76	0.91	380
BTCUSD	45.45%	1.78	2.13	99
ETHUSD	50.87%	0.92	0.88	1201
GOLD	49.74%	0.85	0.85	2738
S&P500	50.90%	0.98	0.95	110
FTSE100	48.27%	1.27	1.36	29

总结来说，该模式表现出混合信号和不同资产类别的混合频率。这可能是因

为退出技巧不适合该模式，因为它主要关注中间反转动作，但为了使本书中的所有模式回测统一，退出条件是相同的。

提醒一下，退出条件是遇到看涨或看跌信号。否则，交易会继续进行。

7.2 阻塞模式

这个模式类似于市场找到支撑或阻力并显示反转迹象的概念。阻塞模式是一个四 K 线配置，有一些视觉上难以检测的条件。

图 7-5 展示了一个看涨的阻塞。第一根 K 线必须为阴线，其后的三根 K 线的最低价等于或是高于第一根 K 线的最低价，低于第一根 K 线的收盘价。最后，第四根 K 线必须为阳线，并且收盘价必须高于第一根 K 线图的最高价。这些条件验证了阻塞模式并产生了一个看涨信号。

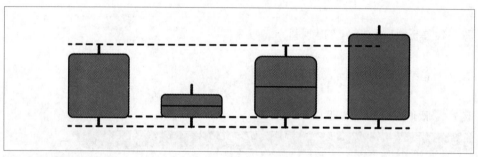

图 7-5：看涨的阻塞

图 7-6 展示了一个看跌的阻塞。第一根 K 线必须为阳线，其后的三根 K 线的最高价等于或是低于第一根 K 线的最低价，低于第一根 K 线的收盘价。最后，第四根 K 线必须为阴线，并且收盘价必须低于第一根 K 线图的最低价。这些条件验证了阻塞模式并产生了一个看跌信号。

阻塞模式的合理性在于，围绕支撑或阻力区的稳定阶段可能提供反转的机会，由方向性（第四根）K 线确认。

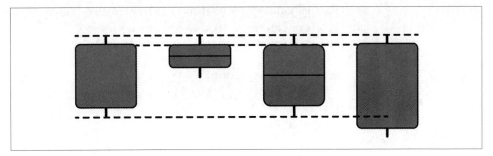

图7-6：看跌的阻塞

以下代码片段展示了如何为阻塞模式编写信号函数：

```
def signal(data, open_column, high_column, low_column, close_column,
           buy_column, sell_column):

    data = add_column(data, 5)

    for i in range(len(data)):

        try:

            # 看涨模式
            if data[i - 3, close_column] < data[i - 3, open_column] and \
               data[i - 2, close_column] < data[i - 3, open_column] and \
               data[i - 2, low_column] >= data[i - 3, low_column] and \
               data[i - 2, low_column] <= data[i - 3, close_column] and \
               data[i - 1, low_column] >= data[i - 3, low_column] and \
               data[i - 1, low_column] <= data[i - 3, close_column] and \
               data[i, low_column] >= data[i - 3, low_column] and \
               data[i, low_column] <= data[i - 3, close_column] and \
               data[i, close_column] > data[i, open_column] and \
               data[i, close_column] > data[i - 3, high_column]:

                    data[i + 1, buy_column] = 1

            # 看跌模式
            elif data[i - 3, close_column] > data[i - 3, open_column] and \
                 data[i - 2, close_column] > data[i - 3, open_column] and \
                 data[i - 2, high_column] <= data[i - 3, high_column] and \
                 data[i - 2, high_column] >= data[i - 3, close_column] and\
                 data[i - 1, high_column] <= data[i - 3, high_column] and \
                 data[i - 1, high_column] >= data[i - 3, close_column] and\
                 data[i, high_column] <= data[i - 3, high_column] and \
```

```
                 data[i, high_column] >= data[i - 3, close_column] and \
                 data[i, close_column] < data[i, open_column] and \
                 data[i, close_column] < data[i - 3, low_column]:

                     data[i + 1, sell_column] = -1

        except IndexError:

             pass

    return data
```

图 7-7 展示了英镑兑美元 (GBPUSD) 上的信号图。首先要注意的是，由于算法本身的条件比较多，这个模式的信号比较罕见。

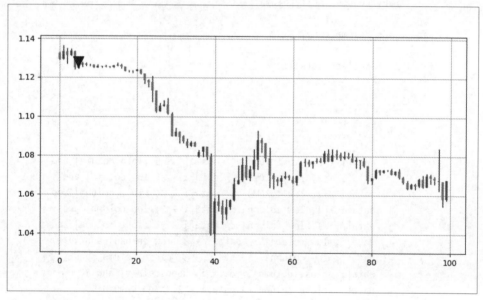

图 7-7：英镑兑美元上的信号图

由于经典或现代的稀有模式在结果上与常见模式并无太大不同。重要的是结合其他信号和指标来确认模式。

图 7-8 展示了澳元兑新西兰元 (AUDNZD) 上的信号图。请注意，一般情况下，模式与其理论上完美的形式并不完全相同，因为那会使它们极其罕见，甚至无法找到；因此，有时可以适当应用某种灵活性。

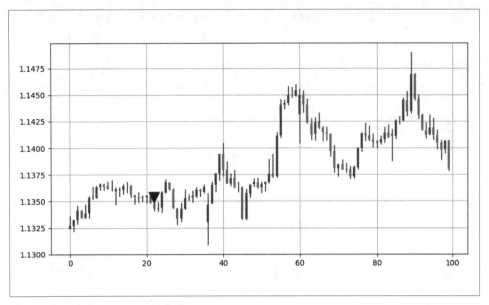

图 7-8：澳元兑新西兰元上的信号图

例如，我在这里应用的灵活性措施是，我取消了在看涨阻塞模式中最低价必须完全相同的需求，以及在看跌阻塞模式中最高价必须完全相同的需求。记住，目的是检测某些模式并回测它们，以便了解它们的预测能力，然后将其整合到更复杂的策略中。

表 7-2 总结了阻塞模式的表现。

表 7-2：阻塞模式：业绩汇总表

资产	命中率	盈利因子	风险收益比	交易信号数
EURUSD	40.77%	0.63	0.92	233
USDCHF	47.00%	1.1	1.24	234
GBPUSD	50.19%	1.06	1.06	263
USDCAD	46.15%	0.92	1.07	260
BTCUSD	51.64%	1.79	1.68	182
ETHUSD	45.40%	1.64	1.96	174
GOLD	51.25%	1.13	1.08	240
S&P500	46.66%	0.86	0.98	240
FTSE100	35.71%	1.1	1.98	28

总之，阻塞模式是一个复杂的构造，在某些市场上可能较为罕见。阻塞模式基于这样一种市场概念，在这个概念中，市场已经找到支撑或阻力区域，并通过一根阳线或阴线显示出了反转的倾向。

7.3 狂喜模式

乍一看，狂喜模式基本上与经典趋势跟随模式中讨论的三K线组合模式相同。然而，我发现向三K线组合模式增加一个条件就足以将其转变为逆向配置。当然，新模式视觉上仍然显著，因为额外的条件更容易被算法而不是交易员检测到。

额外的条件是每根K线图必须比前一根更大。"更大"这个词指的是实际范围，正如书中前面提到的，实际范围是收盘价和开盘价之间的绝对值差异。

图 7-9 展示了一个看涨的狂喜模式。该模式由三根连续的阴线组成，每一根都比前一根更大。

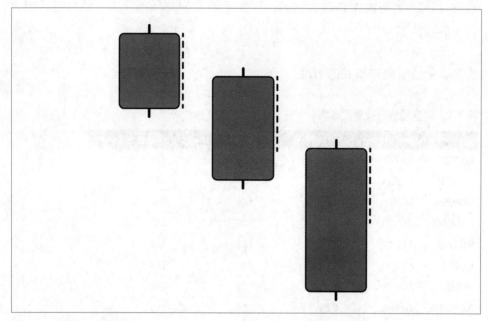

图 7-9：看涨的狂喜模式

图 7-10 展示了一个看跌的狂喜模式。该模式由三根连续的阳线组成，每一根也都比前一根更大。

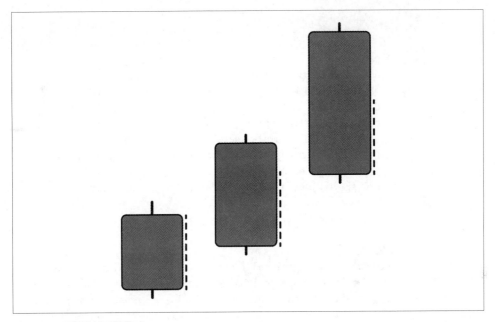

图 7-10：看跌的狂喜模式

三 K 线组合模式和狂喜模式在外观上非常相似，但是 K 线的不断增大是它们之间的区别。在原始文献中，三 K 线组合模式没有大小限制，这可能会导致这两种模式之间的冲突。

直观上，你应该遵循让你感到更舒适的模式，并且还必须使用其他技术和指标来帮助你判断市场是继续沿着同一方向趋势（三 K 线组合模式）还是会发生反转（狂喜模式）。

以下代码片段展示了如何为狂喜模式编写信号函数。你还需要对值进行四舍五入：

```
def signal(data, open_column, close_column, buy_column, sell_column):

    data = add_column(data, 5)
```

```
data = rounding(data, 4) # 对于外汇对，使用 4 位小数

for i in range(len(data)):

    try:

        # 看涨模式
        if data[i, open_column] > data[i, close_column] and \
           data[i - 1, open_column] > data[i - 1, close_column] and \
           data[i - 2, open_column] > data[i - 2, close_column] and \
           data[i, close_column] < data[i - 1, close_column] and \
           data[i - 1, close_column] < data[i - 2, close_column] and \
           (data[i, open_column] - data[i, close_column]) > \
           (data[i - 1, open_column] - data[i - 1, close_column]) and\
           (data[i - 1, open_column] - data[i - 1, close_column]) > \
           (data[i - 2, open_column] - data[i - 2, close_column]):

               data[i + 1, buy_column] = 1

        # 看跌模式
        elif data[i, open_column] < data[i, close_column] and \
             data[i - 1, open_column] < data[i - 1, close_column] and \
             data[i - 2, open_column] < data[i - 2, close_column] and \
             data[i, close_column] > data[i - 1, close_column] and \
             data[i - 1, close_column] > data[i - 2, close_column] and\
             (data[i, open_column] - data[i, close_column]) > \
             (data[i - 1, open_column] - data[i - 1, close_column]) and\
             (data[i - 1, open_column] - data[i - 1, close_column]) > \
             (data[i - 2, open_column] - data[i - 2, close_column]):

                 data[i + 1, sell_column] = -1

    except IndexError:

        pass

return data
```

图 7-11 展示了美元兑加拿大元 (USDCAD) 上的信号图。从视觉上看，狂喜模式比阻塞模式更常见，这可能会给你提供更多的信号，但这并不代表信号的质量，我会在本节最后如往常一样用业绩汇总表来展示。

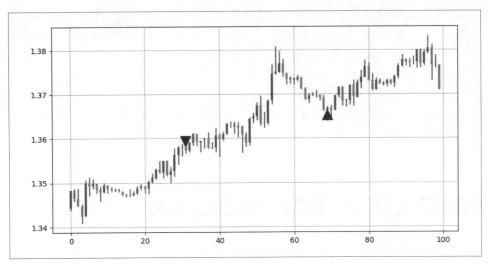

图 7-11：美元兑加拿大元上的信号图

狂喜模式的风险在于它试图预测贪婪阶段的结束，这是极其冒险的。然而，对于基于短期事件的短期移动，狂喜模式的平均表现超过了它的平均水平。例如，在一个确立的看涨趋势中，狂喜模式的命中率比在横向市场中要小。

图 7-12 展示了澳元兑新西兰元 (AUDNZD) 上的信号图。请注意，在拥堵期间，该模式很常见并且质量相对较好。

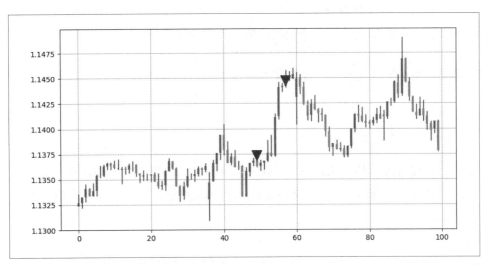

图 7-12：澳元兑新西兰元上的信号图

确保也要区分狂喜模式和双重麻烦模式，因为后者使用包括高点和低点的波动性测量，以考虑继续移动。一些 K 线图模式可能会彼此相似，但有一些微妙的差异可能会改变预期的反应甚至预期的目标。

表 7-3 总结了狂喜模式的表现。请注意，通常的退出条件不是狂喜模式上的最佳退出技术。

表 7-3：狂喜模式：业绩汇总表

资产	命中率	盈利因子	风险收益比	交易信号数
EURUSD	49.17%	1.17	1.21	1513
USDCHF	45.17%	0.99	1.21	1523
GBPUSD	46.69%	1.08	1.24	1741
USDCAD	46.96%	1.00	1.12	1584
BTCUSD	47.24%	1.12	1.24	1327
ETHUSD	45.71%	0.98	1.16	1155
GOLD	44.48%	0.94	1.17	2039
S&P500	46.17%	1.16	1.35	379
FTSE100	46.34%	1.05	1.21	369

总结来说，狂喜模式像是在市场参与者过度乐观的初始加速阶段施加了刹车。基本上，更大的 K 线意味着更大的风险，因为恐惧比贪婪的力量更强大，交易者可能会在强劲动作之后开始解除他们的仓位。

很重要的是要区分狂喜模式和第 4 章讨论的三 K 线组合模式。

7.4 屏障模式

基础而直观的屏障模式可以被认为是阻塞模式的简化版本。它由三根 K 线组成，也借鉴了支撑和阻力水平的概念。这个模式还使用四舍五入来稳定信号的频率。

图 7-13 展示了一个看涨的屏障。前两根 K 线必须是阴线，最后一根 K 线必

须是阳线。同时，三根 K 线的最低价必须相同，这意味着一个支撑区域。看
涨反转的确认来自最后一根阳线。

阳线表明需求量大于供给量，因此在看跌阶段之后，它可以作为确认因素。

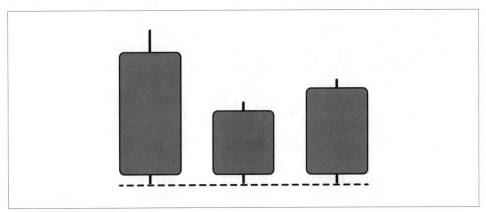

图 7-13：看涨的屏障

图 7-14 展示了一个看跌的屏障。前两根 K 线必须是阳线，最后一根 K 线必
须是阴线。同时，三根 K 线的最高价必须相同，这意味着一个阻力区域。看
跌反转的确认来自最后一根阴线。

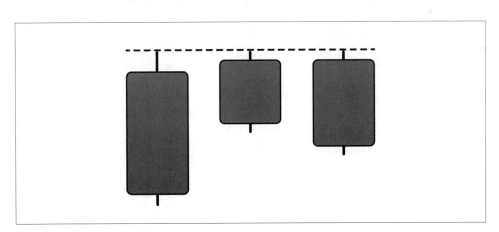

图 7-14：看跌的屏障

在看涨的屏障模式中，最后一根阳线的收盘价必须高于中间 K 线的最高价。类似地，在看跌的屏障模式中，最后一根阴线的收盘价必须低于中间 K 线图的最低价。

以下代码片段展示了如何为屏障模式编写信号函数。请注意，我已将 rounding() 函数添加到代码中以最大化信号。例如，如果欧元兑美元 (EURUSD) 报价有五位小数（例如，1.05623），那么找到三根具有相同最低价 / 最高价的 K 线比使用四位小数的报价（例如，1.0562）要困难得多：

```python
def signal(data, open_column, high_column, low_column, close_column,
           buy_column, sell_column):

    data = add_column(data, 5)

    data = rounding(data, 4) # 对于外汇对，使用 4 位小数

    for i in range(len(data)):

        try:

            # 看涨模式
            if data[i, close_column] > data[i, open_column] and \
               data[i - 1, close_column] < data[i - 1, open_column] and \
               data[i - 2, close_column] < data[i - 2, open_column] and \
               data[i, low_column] == data[i - 1, low_column] and \
               data[i, low_column] == data[i - 2, low_column]:

                    data[i + 1, buy_column] = 1

            # 看跌模式
            elif data[i, close_column] < data[i, open_column] and \
                 data[i - 1, close_column] > data[i - 1, open_column] and \
                 data[i - 2, close_column] > data[i - 2, open_column] and \
                 data[i, high_column] == data[i - 1, high_column] and \
                 data[i, high_column] == data[i - 2, high_column]:

                    data[i + 1, sell_column] = -1

        except IndexError:

            pass

    return data
```

图 7-15 展示了美元兑瑞士法郎 (USDCHF) 上的信号图。信号的频率似乎是可以接受的。这可以在业绩汇总表中看到。

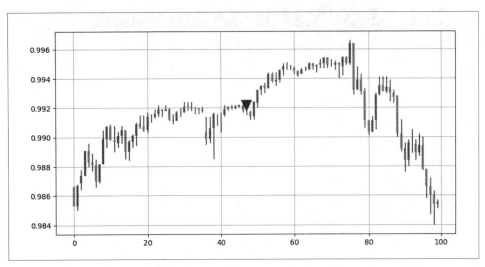

图 7-15：美元兑瑞士法郎上的信号图

图 7-16 展示了澳元兑新西兰元 (AUDNZD) 上的信号图。在某些市场上，信号可能比其他市场稀少。这是大多数 K 线图模式所见到的现象，理解信号频率可以让你知道哪些模式适合哪个市场。

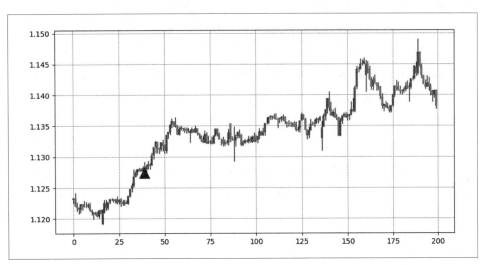

图 7-16：澳元兑新西兰元上的信号图

表 7-4 总结了屏障模式的表现。

表 7-4：屏障模式：业绩汇总表

资产	命中率	盈利因子	风险收益比	交易信号数
EURUSD	46.78%	1.05	1.19	109
USDCHF	54.67%	2.26	1.87	139
GBPUSD	43.24%	0.85	1.11	74
USDCAD	52.74%	1.13	1.01	91
BTCUSD	34.61%	0.59	1.12	26
ETHUSD	50.92%	1.11	1.07	163
GOLD	48.39%	1.06	1.13	405
S&P500	53.57%	0.9	0.78	28
FTSE100	37.50%	0.38	0.63	8

总之，屏障模式是一个简单的三 K 线组合配置，通过施加严格条件（强制最低价或最高价相等）并使用四舍五入来增加其信号频率。

7.5 镜像模式

镜像模式正如其名，是对过去的价格行动的一种反射，具有较大的灵活性。这个模式的思路是市场正在形成一个 U 型转折，并可能会改变方向。

图 7-17 展示了一个看涨的镜像。第一根 K 线必须是阴线，接着是两根具有相同最低价和最高价的 K 线。最后一根 K 线必须是阳线，并且其最高价必须与第一根 K 线的最高价相等。在编码部分，你会看到有一些灵活性，因为理论条件很难实现。

 理论与 K 线模式的实际应用之间存在差异的原因在于，理论处理的是直觉，但不保证检测到的模式的最低频率。在现实生活中，你必须在保留模式直觉的同时调整一些条件。

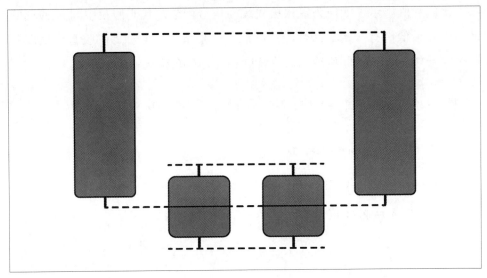

图 7-17：看涨的镜像

图 7-18 展示了一个看跌的镜像。第一根 K 线图必须是阳线，接着是两根具有相同最高价和最低价的 K 线。最后一根 K 线图必须是阴线，并且其最低价必须与第一根 K 线的最低价相等。

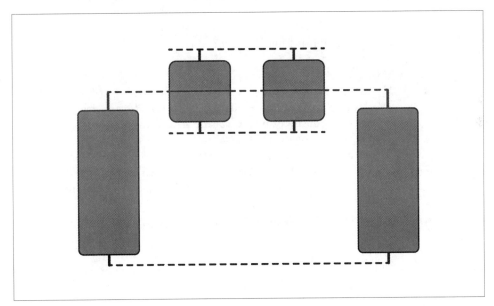

图 7-18：看跌的镜像

以下代码片段展示了如何为镜像模式编写信号函数。代码假设中间 K 线图的最高价和最低价有一定灵活性，并创建了一个条件，即相等的收盘价足以验证模式（如果两个中间 K 线图的收盘价相等，那么模式就成立）：

```python
def signal(data, open_column, high_column, low_column, close_column,
           buy_column, sell_column):

    data = add_column(data, 5)

    data = rounding(data, 0) # Put 0 instead of 4 as of pair 4

    for i in range(len(data)):

        try:

            # 看涨模式
            if data[i, close_column] > data[i, open_column] and \
               data[i, high_column] == data[i - 3, high_column] and \
               data[i, close_column] > data[i - 1, close_column] and \
               data[i, close_column] > data[i - 2, close_column] and \
               data[i, close_column] > data[i - 3, close_column] and \
               data[i - 3, close_column] < data[i - 3, open_column] and \
               data[i - 1, close_column] == data[i - 2, close_column]:


                data[i + 1, buy_column] = 1

            # 看跌模式
            elif data[i, close_column] < data[i, open_column] and \
                 data[i, low_column] == data[i - 3, low_column] and \
                 data[i, close_column] < data[i - 1, close_column] and \
                 data[i, close_column] < data[i - 2, close_column] and \
                 data[i, close_column] < data[i - 3, close_column] and \
                 data[i - 3, close_column] > data[i - 3, open_column] and \
                 data[i - 1, close_column] == data[i - 2, close_column]:

                data[i + 1, sell_column] = -1

        except IndexError:

            pass

    return data
```

图 7-19 展示了欧元兑瑞士法郎 (EURCHF) 上的信号图。

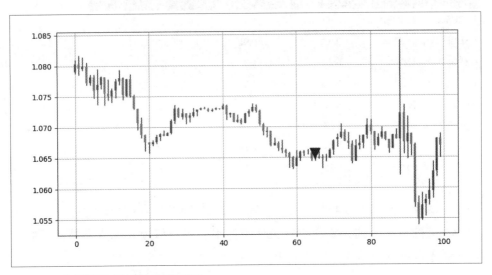

图 7-19：欧元兑瑞士法郎上的信号图

图 7-20 展示了美元兑瑞士法郎 (USDCHF) 上的信号图。即使在灵活条件下，镜像模式也可能很难找到。

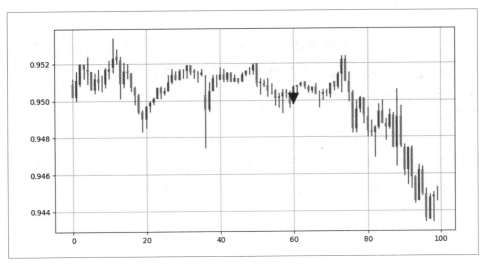

图 7-20：美元兑瑞士法郎上的信号图

表 7-5 总结了镜像模式的表现。

表 7-5：镜像模式：业绩汇总表

资产	命中率	盈利因子	风险收益比	交易信号数
EURUSD	45.23%	1.02	1.23	42
USDCHF	41.37%	0.69	0.98	58
GBPUSD	37.50%	0.78	1.3	32
USDCAD	34.21%	0.78	1.5	38
BTCUSD	70.00%	3.02	1.29	10
ETHUSD	44.30%	0.83	1.04	237
GOLD	49.00%	1.14	1.18	500
S&P500	80.00%	5.38	1.34	15

总之，镜像模式假设市场发生了 U 型转折，市场参与者逐渐改变方向。它是一种罕见的模式，因为实现它的条件可能很繁琐，但模式的直觉是清晰的。镜像模式也可以被看作是双胞胎模式的延续。

7.6 收缩模式

收缩模式基于拥堵阶段后突破的概念。它是一个多 K 线配置，最后一根 K 线确认了移动的方向。

图 7-21 展示了一个看涨的收缩模式。第一根 K 线必须是阴线，以反映看跌压力，接下来的三根 K 线可以是任何颜色，但每根都必须比前一根小。最后，第五根（最后一根）K 线必须是阳线，并且必须超过第二根 K 线的最高价。

图 7-22 展示了一个看跌的收缩模式。第一根 K 线必须是阳线，以反映看涨压力，接下来的三根 K 线可以是任何颜色，但每根都必须比前一根小。最后，第五根（最后一根）K 线必须是阴线，并且必须突破第二根 K 线的最低价。

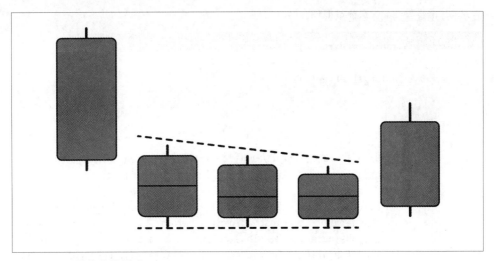

图 7-21：看涨的收缩模式

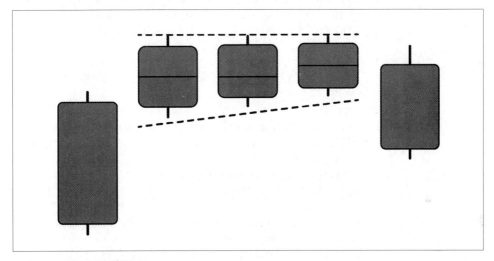

图 7-22：看跌的收缩模式

以下代码片段展示了如何为收缩模式编写信号函数。我添加了一些灵活性，省略了理论条件，理论条件假设三个中间 K 线具有相似的最低价（看涨配置）和相似的最高价（看跌配置），正如图 7-21 和图 7-22 通过虚线水平线展示的那样。

```
def signal(data, open_column, high_column, low_column, close_column,
        buy_column, sell_column):
```

```python
data = add_column(data, 5)

data = rounding(data, 4)

for i in range(len(data)):

    try:

        # 看涨模式
        if data[i - 4, close_column] < data[i - 4, open_column] and \
           data[i, close_column] > data[i, open_column] and \
           data[i, close_column] > data[i - 3, high_column] and \
           abs(data[i - 3, close_column] - data[i - 3, open_column]) < \
           abs(data[i - 4, close_column] - data[i - 4, open_column]) \
           and abs(data[i - 2, close_column] - data[i - 2, open_column])\
           < abs(data[i - 3, close_column] - data[i - 3, open_column]) \
           and abs(data[i - 1, close_column] - data[i - 1, \
           open_column]) < abs(data[i - 2, close_column] - data[i - 2, \
           open_column]) and data[i - 1, high_column] < data[i - 2, \
           high_column] and data[i - 2, high_column] < data[i - 3, \
           high_column]:

            data[i + 1, buy_column] = 1

        # 看跌模式
        elif data[i - 4, close_column] > data[i - 4, open_column] and \
             data[i, close_column] < data[i, open_column] and \
             data[i, close_column] < data[i - 3, low_column] and \
             abs(data[i - 3, close_column] - data[i - 3, open_column]) \
             < abs(data[i - 4, close_column] - data[i - 4, \
             open_column]) and abs(data[i - 2, close_column] - \
             data[i - 2, open_column]) < abs(data[i - 3, close_column] \
             - data[i - 3, open_column]) and abs(data[i - 1, \
             close_column] - data[i - 1, open_column]) < abs(data[i - \
             2, close_column] - data[i - 2, open_column]) and \
             data[i - 1, low_column] > data[i - 2, low_column] and \
             data[i - 2, low_column] > data[i - 3, low_column]:

            data[i + 1, sell_column] = -1

    except IndexError:

        pass

return data
```

图 7-23 展示了英镑兑澳大利亚元 (GBPAUD) 上的信号图。

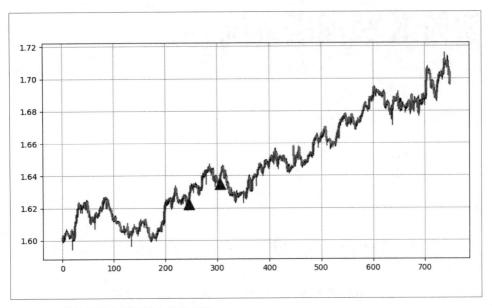

图 7-23：英镑兑澳大利亚元上的信号图

表 7-6 总结了收缩模式的表现。

表 7-6：收缩模式：业绩汇总表

资产	命中率	盈利因子	风险收益比	交易信号数
EURUSD	37.77%	0.52	0.86	45
USDCHF	37.14%	0.39	0.66	35
GBPUSD	41.37%	0.66	0.94	29
USDCAD	43.47%	1.44	1.87	46
BTCUSD	58.62%	1.24	0.88	29
ETHUSD	55.55%	2.16	1.73	27
GOLD	61.53%	0.73	0.46	26

总之，收缩模式是一种直观的模式，它依赖于一种谨慎的概念，这种谨慎体现在，在市场经历拥塞过后，在出现一个大的 K 线确认市场走向前，市场会经历一系列逐步缩小的 K 线。

## 第 8 章

进阶 K 线图表系统

目前为止，对于可能对你有用的各种不同类型的模式，你已经有了全面的了解，不过 K 线图的绘制除了使用基本的构造方法外，也可以绘制得很有创意。本章介绍了两个 K 线图绘制方法，为你提供与原始绘制方式所不相同的选择。

尽管原始方法是以其原貌展现 OHLC 数据，不过在本章提出的两个方法采用了不同的方法理解数据，并尽可能地从中获取信息。

第一个高级绘制方法是平均 K 线图，该方法将 OHLC 数据进行数据转换，帮助趋势观察者获得较少噪音的当前状态视图。第二个绘制方法是 K 型 K 线图，该方法只是平滑版本的 OHLC 数据，K 线形态被应用于平滑后的数据之上，以找到更多的交易信号，同时减少噪音。

本章的目标是将这两个强大的制图方法添加到你的交易框架中，以便你有不同的视角。理想情况下，使用原始 K 线图绘图方法能够检查到的模式，在这两个 K 线图绘图方法中，你也应该可以检查到相同的模式。

8.1 Heikin-Ashi 方法

Heikin-Ashi 方法也称为平均 K 线图。Heikin-ashi 在日语中意为"平均柱"，通过名称直观展现了它的计算方式。构建平均 K 线图的主要目的是理解潜在趋势并过滤掉由随机波动引起的噪声。

你可以将该绘制方法视作一种降噪技术，它能为你提供更加平滑的 K 线图。平均 K 线图使用开盘价、最高价、最低价和收盘价进行计算，通过简单的公式转换，然后绘制结果图表。

 OHLC 数据经过转换，平均 K 线图不展示实时的数值，而是展示平滑后的数值。例如，一个熊市的平均 K 线图不一定代表实时的熊市 K 线图，其收盘价也不一定等于真实 K 线图的收盘价。事实上，平均 K 线图的收盘价很少是实时的收盘价。

计算平均 K 线图开盘价的公式如下：

转换后的开盘价 $_i$ =（开盘价 $_{i-1}$ + 收盘价 $_{i-1}$）/ 2

计算平均 K 线图最高价的公式如下：

转换后的最高价 $_i$ = max(最高价 $_i$， 转换后的开盘价 $_i$， 转换后的收盘价 $_i$)

计算平均 K 线图最低价的公式如下：

转换后的最低价 $_i$ = min(最低价 $_i$， 转换后的开盘价 $_i$， 转换后的收盘价 $_i$)

计算平均 K 线图收盘价的公式如下：

转换后的收盘价 $_i$ =（开盘价 $_i$ + 最高价 $_i$ + 最低价 $_i$ + 收盘价 $_i$）/ 4

首先要注意的是，在平均 K 线图中，由于数据进行了平滑，因此 K 线颜色的交替变化比在普通的 K 线图中更少见，这一特征非常难得。图 8-1 展示了这两种体系在澳元兑新西兰元上的差异。试试找出哪一个图是平均 K 线图。

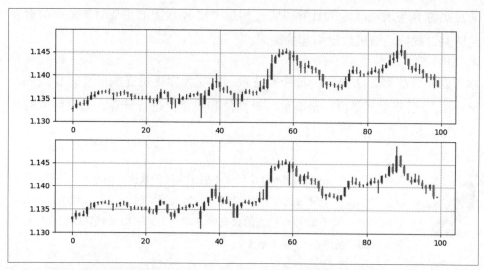

图 8-1：上方的图是澳元兑新西兰元的平均 K 线图；下方的图是澳元兑新西兰元的普通 K 线图

我们可以注意到，平均 K 线图相对更容易理解，因为绿色（看涨）的 K 线聚集在一起，显示当前的趋势是看涨的，而红色（看跌）的 K 线聚集在一起，显示当前的趋势是看跌的。这就是平滑处理的威力。

图 8-2 展示了两种方法在英镑兑澳元上的差异。

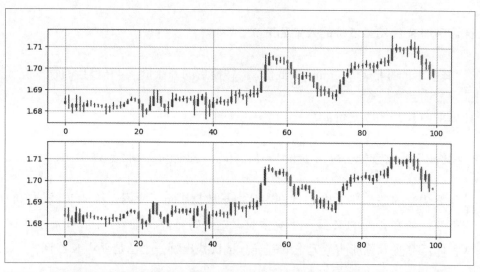

图 8-2：上方的图的是英镑兑澳元的平均 K 线图；下方的图是英镑兑澳元的普通 K 线图

以下是平均 K 线图的一些限制：

- 由于数据已经进行了转换，因此 OHLC 平均 K 线的值并非实际价格。

- 在平稳的市场中，平均 K 线图的颜色会交替变化，这阻碍了它们展示信号的能力。

- 颜色的变化有时会滞后，这可能意味着在检测到时，部分移动可能已经发生。

要构建平均 K 线图，你可以使用数组的四列 OHLC，对数据进行转换，并在数组的后四列中输出结果。函数如下：

```python
def heikin_ashi(data, open_column, high_column, low_column, close_column,
                position):

    data = add_column(data, 4)

    # 平均 K 线开盘价
    try:
        for i in range(len(data)):
            data[i, position] = (data[i - 1, open_column] +
                                 data[i - 1, close_column]) / 2
    except:
        pass

     # 平均 K 线最高价
    for i in range(len(data)):
        data[i, position + 1] = max(data[i, position],
                                    data[i, position + 3],
                                    data[i, high_column])

    # 平均 K 线最低价
    for i in range(len(data)):
        data[i, position + 2] = min(data[i, position],
                                    data[i, position + 3],
                                    data[i, low_column])

    # 平均 K 线收盘价
    for i in range(len(data)):
        data[i, position + 3] = (data[i, open_column] +
                                 data[i, high_column] +
```

```
                              data[i, low_column] +
                              data[i, close_column]) / 4

    return data
```

现在让我们来看看如何在平均 K 线图上应用先前看过的 K 线，应该会产生新的效应。

8.1.1 检测十字星模式

十字星模式是一种犹豫和逆向的配置，特征如下：

- 若当前收盘价高于当前开盘价，上一收盘价等于开盘价，且先前的收盘价低于先前的开盘价，那么就形成了看涨的十字星 K 线。

- 若当前收盘价低于当前开盘价，上一收盘价等于开盘价，且先前的收盘价高于先前的开盘价，那么就形成了看跌的十字星图形。

图 8-3 展示了信号一致的两张图，平均 K 线图（上图）和普通的 K 线图（下图）。

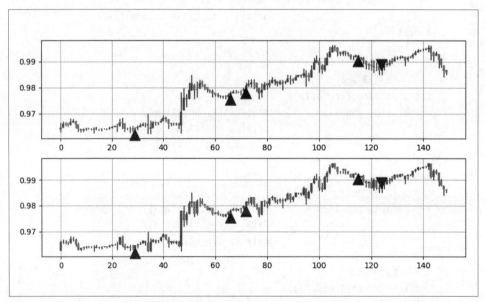

图 8-3：上方的图表展示了平均 K 线图上的信号（估计值），下方的图表在真实 K 线图上展示了相同信号。图中的信息为美元兑瑞郎

图 8-3 中下方的图表显示了实时信号与实时 OHLC 数据的位置关系。但在现实世界中，估算的信号位置和实时信号位置之间的差异很小。

图 8-4 展示了一个美元兑加元的信号图。不要忘记根据所要分析的资产进行四舍五入。

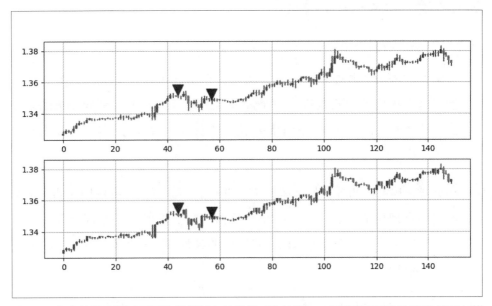

图 8-4：上方的图表展示了平均 K 线图上的信号（估计值），下方的图表在真实 K 线图上展示了相同信号。图中的信息为美元兑加元

我们来检查一下这种模式下的表现（见表 8-1）。使用真实的 OHLC 数据而非转换后的值来计算性能指标非常重要，这样评估系统时才不会产生偏差。

表 8-1：平均 K 线图与十字星模式对比：业绩汇总表

资产	命中率	盈利因子	风险收益比	交易信号数
欧元兑美元	49.67%	1.07	1.08	2126
美元兑瑞郎	47.30%	1.07	1.19	2359
英镑兑美元	48.73%	1.03	1.08	1660
美元兑加元	48.18%	0.97	1.04	1982
比特币兑美元	46.54%	0.84	0.97	434
以太币兑美元	44.91%	0.81	0.99	1534

表 8-1：平均 K 线图与十字星模式对比：业绩汇总表（续）

资产	命中率	盈利因子	风险收益比	交易信号数
黄金	44.93%	1.05	1.29	3394
准普尔 500 指数	50.12%	0.85	0.84	401
富时 100 指数	52.10%	1.09	1.00	261

8.1.2 检测 TASUKI 模式

回顾一下，TASUKI 模式是一种趋势跟随配置，具有以下特征：

- 若两个周期前的收盘价大于两个周期前的开盘价，一个周期前的开盘价大于两个周期前的收盘价，一个周期前的收盘价大于一个周期前的开盘价，且当前的收盘价高于两个周期前的收盘价，那么就出现了一个看涨的 Tasuki 模式。

- 如果两个周期前的收盘价低于两个周期前的开盘价，一个周期前的开盘价低于两个周期前的收盘价，一个周期前的收盘价低于一个周期前的开盘价，并且当前的收盘价低于两个周期前的收盘价，那么就出现了一个看跌的 Tasuki 模式。

图 8-5 是英镑兑澳元的信号图。

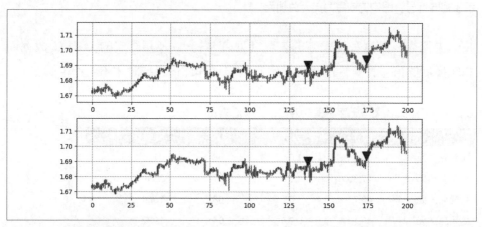

图 8-5：上方的图表展示了平均 K 线图上的信号（估计值），下方的图表在真实 K 线图上展示了相同信号。图中的信息为英镑兑澳元

要创建双图信号图，可以使用以下代码：

```python
def candlestick_double_plot(data, buy_column, sell_column, window = 250):

    fig, ax = plt.subplots(2, figsize = (10, 5))

    sample = data[-window:, ]

    for i in range(len(sample)):

        ax[0].vlines(x = i, ymin = sample[i, 6], ymax = sample[i, 5],
                     color = 'black', linewidth = 1)

        if sample[i, 7] > sample[i, 4]:

            ax[0].vlines(x = i, ymin = sample[i, 4], ymax = sample[i, 7],
                         color = 'mediumseagreen', linewidth = 3)

        if sample[i, 7] < sample[i, 4]:

            ax[0].vlines(x = i, ymin = sample[i, 7], ymax = sample[i, 4],
                         color = 'maroon', linewidth = 3)

        if sample[i, 7] == sample[i, 4]:

            ax[0].vlines(x = i, ymin = sample[i, 7], ymax = sample[i, 4] +
                         0.00005, color = 'black', linewidth = 1.00)

        if sample[i, buy_column] == 1:

            x = i
            y = sample[i, 0]

            ax[0].annotate(' ', xy = (x, y),
                           arrowprops = dict(width = 9, headlength = 11,
                                             headwidth = 11, facecolor =
                                             'green', color = 'green'))

        elif sample[i, sell_column] == -1:

            x = i
            y = sample[i, 0]

            ax[0].annotate(' ', xy = (x, y),
                           arrowprops = dict(width = 9, headlength = -11,
```

```
                                    headwidth = -11, facecolor =
                                    'red', color = 'red'))


ax[0].grid()

for i in range(len(sample)):

    ax[1].vlines(x = i, ymin = sample[i, 2], ymax = sample[i, 1],
                 color = 'black', linewidth = 1)

    if sample[i, 3] > sample[i, 0]:

        ax[1].vlines(x = i, ymin = sample[i, 0], ymax = sample[i, 3],
                     color = 'mediumseagreen', linewidth = 3)

    if sample[i, 3] < sample[i, 0]:

        ax[1].vlines(x = i, ymin = sample[i, 3], ymax = sample[i, 0],
                     color = 'maroon', linewidth = 3)

    if sample[i, 3] == sample[i, 0]:

        ax[1].vlines(x = i, ymin = sample[i, 3], ymax = sample[i, 0] +
                     0.00005, color = 'black', linewidth = 1.00)

    if sample[i, buy_column] == 1:

        x = i
        y = sample[i, 0]

        ax[1].annotate(' ', xy = (x, y),
                       arrowprops = dict(width = 9, headlength = 11,
                                         headwidth = 11, facecolor =
                                         'green', color = 'green'))

    elif sample[i, sell_column] == -1:

        x = i
        y = sample[i, 0]

        ax[1].annotate(' ', xy = (x, y),
                       arrowprops = dict(width = 9, headlength = -11,
                                         headwidth = -11, facecolor =
                                         'red', color = 'red'))


ax[1].grid()
```

图 8-6 是欧元兑瑞郎的信号图。

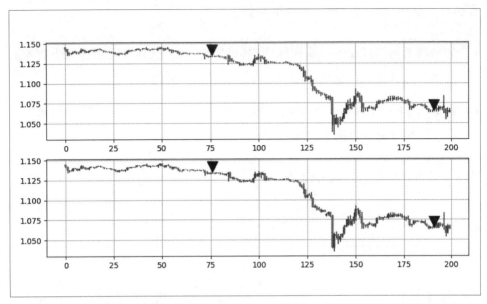

图 8-6：上方的图表展示了平均 K 线图上的信号（估计值），下方的图表在真实 K 线图上展示了相同信号。图中的信息为欧元兑瑞郎

表 8-2 总结了一个在平均 K 线图上扫描并按照 Tasuki 模式进行交易的算法业绩。

表 8-2：带有 Tasuki 模式的平均 K 线图：业绩汇总表

资产	命中率	盈利因子	风险收益比	交易信号数
欧元兑美元	51.04%	0.83	0.80	384
美元兑瑞郎	50.00%	0.91	0.91	468
英镑兑美元	50.11%	0.98	0.97	441
美元兑加元	50.90%	0.90	0.87	442
比特币兑美元	50.00%	0.94	0.93	248
以太币兑美元	52.14%	0.76	0.69	257
黄金	47.04%	0.92	1.04	372
标准普尔 500 指数	55.76%	1.12	0.88	52
富时 100 指数	44.64%	1.20	1.49	56

8.1.3 检测狂喜模式

狂喜模式是一种逆向配置，其特征是如下：

* 如果当前的阴线比前一个阴线的实际尺寸更大，且前一个阴线比先前的阴线实际尺寸更大，那么就出现了一个看涨的狂喜模式。

* 如果当前的阳线比前一个阳线的实际尺寸更大，且前一个阳线比先前的阳线实际尺寸更大，那么就出现了一个看涨的狂喜模式。

图 8-7 是澳元兑新西兰元的信号图表。

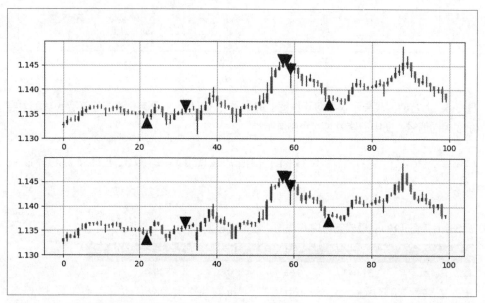

图 8-7：上方的图表展示了平均 K 线图上的信号（估计值），下方的图表在真实 K 线图上展示了相同信号。图中的信息为澳元兑新西兰元

 如果你需要降低频率的话，在狂喜模式下使用 rounding() 函数或许有助于过滤掉一些信号。

图 8-8 是欧元兑英镑的信号图表。要使趋势保持在你那一侧，这件事总是很有趣的。你将在处理策略的章节中看到实现它的技术。主要思想在于，相较于在熊市趋势下，在牛市趋势下考虑牛市反转模式更好。这是因为看不见的趋势之手会帮助推动价格朝着总体方向变化。

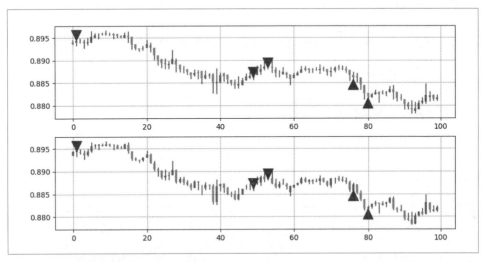

图 8-8：上方的图表展示了平均 K 线图上的信号（估计值），下方的图表在真实 K 线图上展示了相同信号。图中的信息为欧元兑英镑

表 8-3 总结了一个在平均 K 线图上扫描并按照狂喜模式进行交易的算法业绩。

表 8-3：带有狂喜模式的平均 K 线图：业绩汇总表

资产	命中率	盈利因子	风险收益比	交易信号数
欧元兑美元	47.74%	1.01	1.11	2572
美元兑瑞郎	45.64%	0.91	1.09	2583
英镑兑美元	46.52%	1.00	1.15	2990
美元兑加元	48.25%	1.08	1.16	2918
比特币兑美元	48.61%	1.04	1.1	2055
以太币兑美元	43.83%	0.8	1.02	933
黄金	49.17%	1.06	1.09	543
标准普尔 500 指数	46.28%	1.08	1.25	417
富时 100 指数	44.46%	0.94	1.17	497

8.1.4 检测双重麻烦模式

作为一个提醒，双重麻烦模式是一个趋势跟随配置，其特征如下：

- 第二根阳线的尺寸（从最高价到最低价）必须是之前一根阳线的 10 周期 ATR 的两倍。

- 第二根阴线的尺寸（从最高价到最低价）也必须是之前一根 阴线的 10 周期 ATR 的两倍。

图 8-9 是美元兑瑞郎的信号图表。

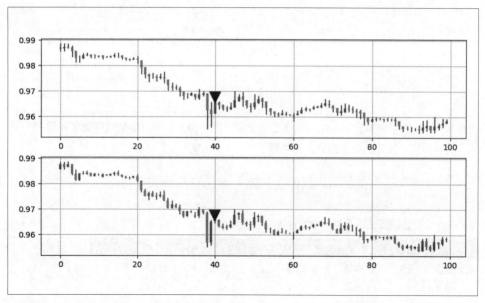

图 8-9：上方的图表展示了平均 K 线图上的信号（估计值），下方的图表在真实 K 线图上展示了相同信号。图中的信息为美元兑瑞郎

图 8-10 是美元兑日元的信号图表。

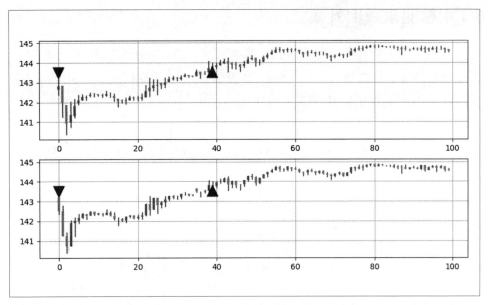

图 8-10：上方的图表展示了平均 K 线图上的信号（估计值），下方的图表在真实 K 线图上展示了相同信号。图中的信息为美元兑日元

表 8-4 总结了一个在平均 K 线图上扫描并按照双重麻烦模式进行交易的算法业绩。

表 8-4：带有双重麻烦模式的平均 K 线图：业绩汇总表

资产	命中率	盈利因子	风险收益比	交易信号数
欧元兑美元	57.62%	0.92	0.67	1135
美元兑瑞郎	56.49%	1.08	0.84	110
英镑兑美元	53.72%	0.89	0.77	1167
美元兑加元	56.14%	1.02	0.80	1058
比特币兑美元	62.84%	1.19	0.71	716
以太币兑美元	61.00%	1.04	0.67	659
黄金	57.00%	0.96	0.73	1021
标准普尔 500 指数	57.40%	1.36	1.00	162
富时 100 指数	54.13%	0.95	0.80	133

8.2 K 型 K 线图

K 型 K 线图旨在保留四个基本数据要素的同时，进一步平滑 OHLC 数据值，以便更好地理解基础趋势。[1] 因此，K 型 K 线图方法默认使用的三个回看期来计算 OHLC 数据的简单移动平均值。

在小时图中，三个周期即为三个小时，在日图中，三个周期即为三天。

要计算 K 的开盘价，使用下面的公式：

$$K 的开盘价_i = (开盘价_i + 开盘价_{i-1} + 开盘价_{i-2}) / 3$$

要计算 K 的最高价，使用下面的公式：

$$K 的最高价_i = (最高价_i + 最高价_{i-1} + 最高价_{i-2}) / 3$$

要计算 K 的最低价，使用下面的公式：

$$K 的最低价_i = (最低价_i + 最低价_{i-1} + 最低价_{i-2}) / 3$$

要计算 K 的收盘价，使用下面的公式：

$$K 的收盘价_i = (收盘价_i + 收盘价_{i-1} + 收盘价_{i-2}) / 3$$

图 8-11 展示了常规 K 线图和 K 型 K 线图的区别。

你应该注意到了，K 型 K 线图比平均 K 线图更为平滑。这是因为 K 型 K 线图的平滑周期为 3，而平均 K 线图的平滑周期则为 1。

图 8-12 展示在澳元兑纽元 (AUDNZD) 上，常规 K 线图和 K 型 K 线图之间的区别。

注 1：　OHLC 数据。

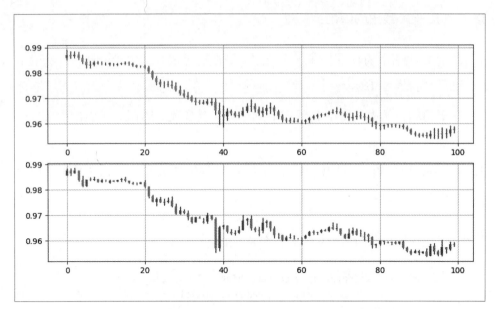

图 8-11：上方的图表展示了欧元兑美元的 K 型 K 线图；下方的图表展示了欧元兑美元的普通 K 线图

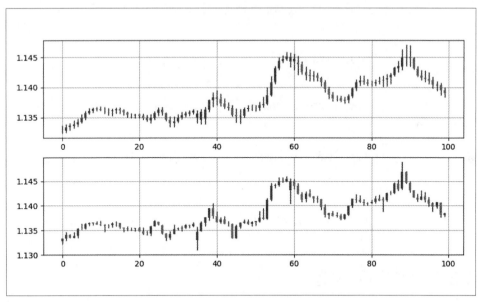

图 8-12：上方的图表展示了澳元兑纽元的 K 型 K 线图；下方的图表展示了澳元兑纽元的普通 K 线图

以下是 K 型 K 线图的限制：

1. K 型 K 线图中的收盘、开盘、最高、最低价等值并非实时价格，因为它们已经被转换过了。

2. 在平稳的市场中，K 型 K 线图的颜色会交替变化，这阻碍了它们生成信号的能力。

3. K 型 K 线图的滞后性甚至比平均 K 线图的还要大。不过，它并不足以完全抵消其优势。

你可以使用以下函数来实现 K 型 K 线图的编码：

```python
def k_candlesticks(data, open_column, high_column, low_column,
                   close_column, lookback, position):

    data = add_column(data, 4)

    # 平均开盘价格
    data = ma(data, lookback, open_column, position)

    # 平均最高价格
    data = ma(data, lookback, high_column, position + 1)

    # 平均最低价格
    data = ma(data, lookback, low_column, position + 2)

    # 平均收盘价格
    data = ma(data, lookback, close_column, position + 3)

    return data
```

下面让我们看看如何在 K 型 K 线图上应用之前看过的一些 K 线图。

8.2.1 检测十字星模式

十字星模式可能是使用 K 型 K 线图检测的最佳模式之一，因为它与许多形式的短期和长期逆转指标相关。图 8-13 是一张英镑兑美元的信号图。

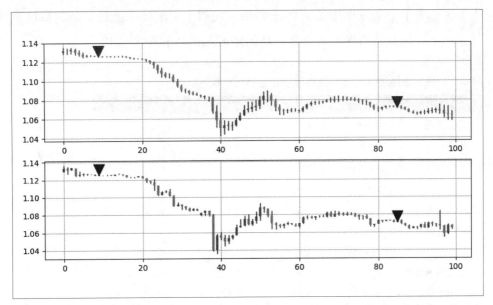

图 8-13：上方的图表展示了 K 型 K 线图上的信号（估计值），下方的图表在真实 K 线图上展示了相同信号。图中的信息为英镑兑美元

图 8-14 是一张美元兑加元信号图。在横盘市场中，逆转模式效果相对更好。

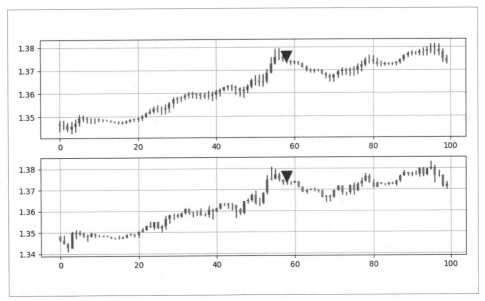

图 8-14：上方的图表展示了 K 型 K 线图上的信号（估计值），下方的图表在真实 K 线图上展示了相同信号。图中的信息为美元兑加元

表 8-5 总结了一个在平均 K 线图上扫描并按照十字星模式进行交易的算法业绩。记住，提升其表现的关键之一是优化进入和退出的技术。

表 8-5：带有十字星模式的 K 型 K 线图：业绩汇总表

资产	命中率	盈利因子	风险收益比	交易信号数
欧元兑美元	43.66%	0.81	1.05	2352
美元兑瑞郎	43.80%	0.90	1.15	2479
英镑兑美元	46.19%	1.07	1.24	1840
美元兑加元	45.07%	1.02	1.24	2143
比特币兑美元	44.23%	0.90	1.13	486
以太币兑美元	45.93%	1.20	1.41	1132
黄金	45.60%	0.89	1.06	2445
标准普尔 500 指数	42.70%	0.89	1.19	384
富时 100 指数	46.44%	1.19	1.37	267

8.2.2 检测 TASUKI 模式

图 8-15 是一张澳元兑纽元的信号图。

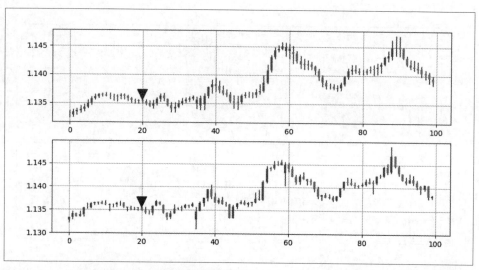

图 8-15：上方的图表展示了 K 型 K 线图上的信号（估计值），下方的图表在真实 K 线图上展示了相同信号。图中的信息为澳元兑纽元

表 8-6 总结了一个在平均 K 线图上扫描并按照 Tasuki 模式进行交易的算法业绩。

表 8-6：带有 TASUKI 模式的 K 型 K 线图：业绩汇总表

资产	命中率	盈利因子	风险收益比	交易信号数
欧元兑美元	50.00%	1.11	1.11	50
美元兑瑞郎	51.68%	0.83	0.78	89
英镑兑美元	56.66%	1.65	1.26	60
美元兑加元	50.79%	1.19	1.15	63
比特币兑美元	43.24%	0.78	1.02	74
以太币兑美元	60.38%	0.81	0.53	53
黄金	55.38%	1.01	0.81	130
标准普尔 500 指数	47.05%	0.77	0.86	17
富时 100 指数	50.00%	1.80	1.8	24

8.2.3 检测狂喜模式

图 8-16 是一张澳元兑纽元的信号图。

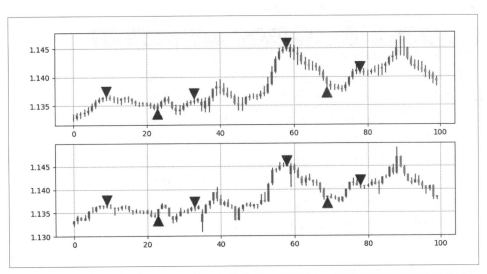

图 8-16：上方的图表展示了 K 型 K 线图上的信号（估计值），下方的图表在真实 K 线图上展示了相同信号。图中的信息为澳元兑纽元

图 8-17 是一种澳元兑日元的信号图。

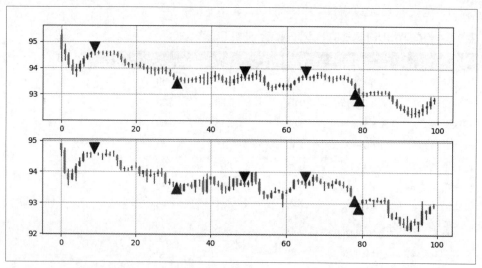

图 8-17：上方的图表展示了 K 型 K 线图上的信号（估计值），下方的图表在真实 K 线图上展示了相同信号。图中的信息为澳元兑日元

表 8-7 总结了一个在平均 K 线图上扫描并按照狂喜模式进行交易的算法业绩。

表 8-7：带有狂喜模式的 K 型 K 线图：业绩汇总表

资产	命中率	盈利因子	风险收益比	交易信号数
欧元兑美元	46.29%	1.02	1.18	3916
美元兑瑞郎	44.73%	0.91	1.13	3798
英镑兑美元	46.15%	1.00	1.16	4446
美元兑加元	45.64%	0.99	1.18	4296
比特币兑美元	46.71%	1.01	1.15	3303
以太币兑美元	45.14%	0.98	1.19	1327
黄金	47.40%	1.03	1.14	597
标准普尔 500 指数	48.08%	1.27	1.37	522
富时 100 指数	48.13%	1.11	1.2	698

8.2.4 检测双重麻烦模式

图 8-18 是一张美元兑瑞郎的信号图。

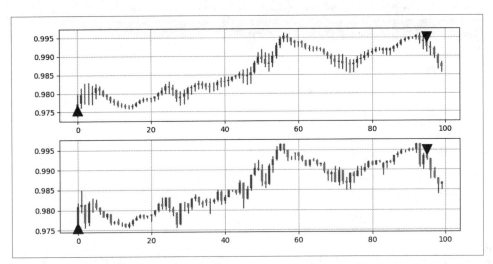

图 8-18：上方的图表展示了 K 型 K 线图上的信号（估计值），下方的图表在真实 K 线图上
展示了相同信号。图中的信息为美元兑瑞郎

图 8-19 是一张欧元兑英镑的信号图。

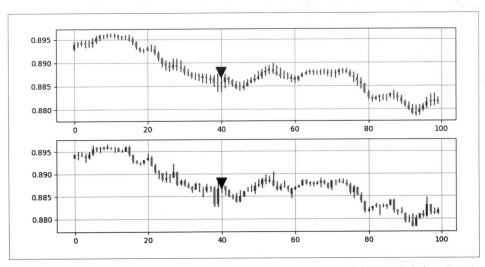

图 8-19：上方的图表展示了 K 型 K 线图上的信号（估计值），下方的图表在真实 K 线图上
展示了相同信号。图中的信息为欧元兑英镑

表 8-8 总结了一个在平均 K 线图上扫描并按照双重麻烦模式进行交易的算法业绩。

表 8-8：带有双重麻烦模式的 K 型 K 线图：业绩汇总表

资产	命中率	盈利因子	风险收益比	交易信号数
欧元兑美元	50.35%	0.9	0.89	709
美元兑瑞郎	53.36%	1.06	0.93	624
英镑兑美元	52.20%	0.98	0.9	793
美元兑加元	50.15%	0.93	0.92	664
比特币兑美元	54.67%	1.49	1.24	406
以太币兑美元	61.37%	2.94	1.85	334
黄金	51.68%	1.09	1.02	743
标准普尔 500 指数	55.35%	1.07	0.86	112
富时 100 指数	40.25%	0.42	0.62	77

概括来说，不同的绘图方法提供了不同的价格行为视角，且每种视角都有其用处。每种方法都有其优点和缺点。表格 8-9 总结了绘图方法的一些关键点。

表 8-9：不同 K 线图绘图方法的比较

绘图方法	优点	缺点
K 线图	实时价格且易于解读	噪点多
平均 K 线图	由于平滑处理，趋势解读性更好	小幅滞后且价格非实时
K 型 K 线图	由于额外的平滑处理，趋势解读性更好	大幅滞后且价格非实时

## 第 9 章

K 线图模式退出策略

每出现某种 K 线图模式的时候，你都需要考虑三类策略（事件）：

入场策略

当你验证了某种模式后，使用入场策略控制买入或卖出的价格。也就是说，当某种模式出现后，你在下一个开盘价格买入，还是使用其他价格买入？

目标策略

目标策略用于控制在盈利时平仓的位置。这个位置也称之为模式的潜力或其预期的反应范围。

止损策略

止损策略用于控制在亏损时平仓的位置。这个位置也称之为模式失效点或止损点。

本章讨论了两种退出策略，即目标策略和止损策略。

需要注意的是，入场策略假定为是在验证了某种模式的 K 线图之后，开盘交易（多头或短头）的价格。

9.1 对称退出策略

基于模式中的关键 K 线尺寸，这个策略对于任何 K 线图模式都可以给出一个简单的目标价格。对称退出策略取关键 K 线的最高价和最低价的距离，然后基于一个极值（取决于当前是看涨模式还是看跌模式）将这个距离投射出去。

> 关键 K 线是用于确定对称目标的 K 线。通常，它是确认模式或定义模式的 K 线。例如，十字星模式的关键 K 线是中间那根类似加号的 K 线，而狂热模式的关键 K 线则是第三根（也是最大的一根）K 线。

图 9-1 展示了根据关键 K 线（第一根 K 线）计算的看涨目标的示例。该示例是一个假想的模式。两个箭头的大小相同。

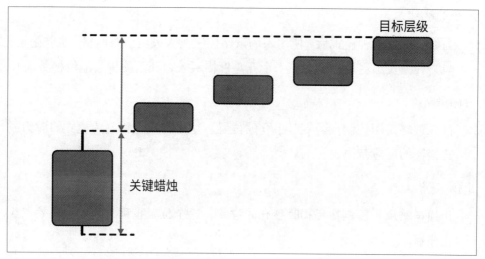

图 9-1：使用对称退出策略计算看涨目标

考虑具有以下特性的看涨吞没模式：

- 吞没 K 线图的开盘价：$100。

- 吞没 K 线图的最高价：$105。

- 吞没 K 线图的最低价：$95。

- 吞没 K 线图的收盘价：$102。

你应该设定的理论看涨目标是 ($105-$95)+$105=$115。

图 9-2 展示了使用此策略可能形成的看涨"吞没模式"的潜力。

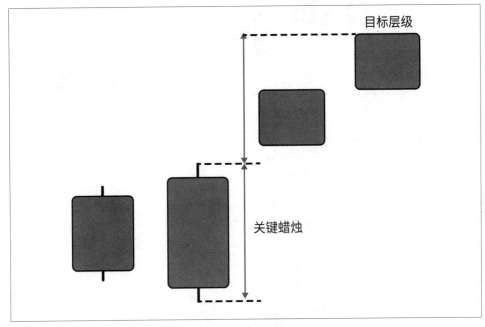

图 9-2：使用对称退出策略在吞没模式下计算看涨目标

图 9-3 展示了根据关键 K 线（第一根 K 线）计算的看跌目标的示例。该示例是一个假想的模式。

考虑具有以下特征的看跌穿刺（乌云）模式：

- 穿刺 K 线图的开盘价：$50。

- 穿刺 K 线图的最高价：$55。

- 穿刺 K 线图的最低价：$45。

- 穿刺 K 线图的收盘价：$52。

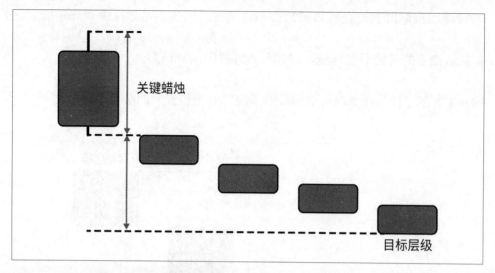

图 9-3：使用对称退出策略计算看跌目标

你应该设定的理论看跌目标是 $55 - ($55 - $45) = $45。

图 9-4 展示了使用此策略可能形成的看跌吞没模式的潜力。

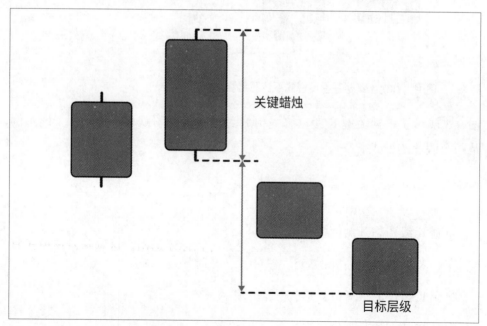

图 9-4：使用对称退出策略在穿刺模式上计算看跌目标

对称退出策略的优点在于其易用性和直观性，只需简单地投射高点和低点之间的距离，这本身就是一个以波动性为权重的目标衡量指标。

 还记得吗？吞没模式和穿刺模式是在第 6 章中讨论过的经典逆向模式。

9.2 固定持有期退出策略

固定持有期策略是你必须在预定好的一段时间周期后退出的一种策略。这种策略相对僵化，它预设一定要在特定时间周期内操作。

这种策略的关键点在于，确认了某种 K 线图模式后，从此处开始，启动一个计时器并持续运行直至退出，不管市场价格相较于入场价格的变化情况。

例如，在确认了一个牛市镊子模式之后，从该时间点开始，固定 5 个持有周期，在五个时间周期后的时间点必须退出。

固定持有期策略在于假定存在某种具有时间规律的模式，这个模式在预定的窗口内有效。

9.3 变动持有期退出策略

变动持有期是一种在遇到另一个模式后必须退出的一个策略。这种策略也是相对僵化的一种策略。

这种策略的关键点在于，确认了某种 K 线图模式后，从此处开始，只有当你遇到另一个模式（无论是多头还是空头）时，你才退出。这意味着该模式直到市场显示出其他模式前始终有效。

例如，确认了某种空头的阴阳线模式，从此处开始。持续持有一段不确定的时间，只有当遇到另一个模式时，才在该处退出。

当遇到那些很少见的模式时，使用这种策略可能非常危险，因为从该时间开始可能会保持开放长达一段很长的时间，使得这场交易过时且没有意义。

 此技术假定你只有在遇到同类模式或任何其他类型的模式（无论是牛市还是熊市）时才退出。值得一提的是，这种策略在本书中展示回测时使用的策略。

9.4 混合退出策略

混合退出策略或许是咱们讨论的退出策略中最佳的一个选择了，因为它结合了三种退出策略的属性，用以限制风险。混合退出策略采用先到先得的方法来确定退出的 K 线图模式，遵循的规则如下：

- 计算对称投影，并为其赋予 1% 到 99% 之间的某种权重。

- 监控每一种 K 线图的持有期，并且也给予一定的权重，该权重是第一种给定权重剩余的部分。

- 固定持有期用来框定整个交易的最长期限的情况。

前述的几个要点意味着，有两种场景的模式适合退场，无论这两种模式哪种先出现（对称投影或另一种模式的出现）。当你在某个时点退出时，你可以退出一定的比例，比如退出 50%。也就是说你会在验证对称投影或另一种模式出现时退出 50% 的资金。

如果你在达到预设的时间窗口之前都没有满足这两个条件，则会在达到预设的时间窗口时离场（采用固定持有期）。

我们来看一个例子。假设在欧元兑美元的交易市场上出现了一个看涨的镜像模式，交易详情如下：

- 以 $1.0000 价格买入。

- 通过对称投影的计算方式，得到目标为 $1.0100。

- 权重设定为 50%。

- 固定持有期设定为五个周期。

如果交易者使用混合方法，交易情况可能如下面的时间线所示：

- H-1：市场达到峰值 $1.0110；由于模式满足了其对称投影，因此卖掉了资金的一半。

- H-2：市场正常交易并以 $1.0000 收盘。

- H-3：市场正常交易并以 $0.9995 收盘。

- H-4：市场正常交易并以 $1.0150 收盘。

- H-5：市场以 $1.0120 收盘，并且在五个周期内没有出现满足条件的模式。剩余的资金进行清算卖出。

每个市场可能都有它所适合的特定退出策略。通常来说，混合型策略试图结合多种退出策略以得到最佳效果。表 9-1 展示了我们刚刚所讨论的几种退出策略之间的主要差异。

表 9-1：退出策略概述

退出策略	持续时间	依赖
对称退出策略	中长期	价格
固定持有期策略	取决于用户	时间
可变持有期策略	中长期	价格
混合退出策略	中长期	价格和时间

9.5 无视模式

有时候，一种模式可能不会产生预期的效果，而且从回测结果中你可能已经发现了，这种情况还挺普遍的。因此，你一定要通过构建无视模式的规则来做好控制损失的准备。根据交易员的不同，这些规则可能是客观的，也可能是主观的。

可以通过交易员自己设定的止损点，也可以通过我在第 5 章中讨论过的波动性测量来无视规则，比如 ATR。

需要注意的是，无视模式与退出策略类似，只不过它是在亏损的情况下退出。不过，由于固定持有期策略既是一种控制风险的策略（在一定时间后退出），也是一种盈利策略（认为在一段有限的时间内可能会盈利并卖出），因此它既可以看作是一种目标策略，也可以视作是一种无视模式策略。

有两种无视模式策略：

固定点止损策略

　　这种无视模式的方法是通过设定一个固定目标来控制风险，如果市场达到这个目标，则全部卖出。并不推荐这种方法，因为市场的波动性一直在变化。

基于 ATR 的止损策略

　　这种无视模式的方法是通过基于 ATR 值的来设定目标的方式控制风险。推荐使用这种方法，因为这种方法是根据波动性来权衡风险。

举例来说，交易者始终可以设定他们的短期欧元兑美元交易使用 20 个点作为止损点。也就是说，如果出现了一个模式，使其在 \$1.0000 进行了买入操作，只要市场达到或突破 \$0.9980，就会以亏损的方式自动进行持仓清算。相比之下，如果该交易者使用基于 ATR 的策略无视了模式，他们会在市场突破初始价格减去 ATR 读数乘以一个常数（如 2）的价格下卖出。

举个更清晰的例子，假设 ATR 的值为 20。那么，止损点则为 \$0.9960(20 × 2=40)。

## 第 10 章

基于 K 线图的趋势跟随策略

识别模式只是公式的其中一部分。在找到一个模式后，最有可能是在一个更大的交易框架内使用它，因为单纯依赖 K 线图模式的交易系统不太可能产生稳定且持续的正回报。

在本章中，我们将会通过示例的方式，探讨使用特定的技术规则处理趋势跟随时可以用来过滤模式的策略。每个市场都有其自己的特性，因此需要针对性地优化策略参数，这就是为什么我会建议着重理解主要的思想和概念，而无需去记取本章所提到策略的确切参数。

理想的情况下，这些策略应该有助于你理解如何结合不同的 K 线图模式（经典和现代）和一些技术指标。在本章中也会讨论这些指标，以便你理解它们的机制和不足。

 过滤这一概念是指选择更有可能提供正回报的信号。

10.1 将双重麻烦模式与 RSI 结合

提醒你一下，双重麻烦模式是一种现代趋势跟随的 K 线图配置，其特性中融入了波动性（使用 ATR 指标计算）。RSI 是一个指标，正如我们在本书前面所讨论过的，它将市场的动向重新定义为 0~100 之间的某个值，便于更好地理解当前的市场动向。

尽管 RSI 是一个反向指标，在接下来的部分我将为你展示在趋势跟随框架内使用它的技巧。

这种策略将 RSI 用于检测双重麻烦模式的过滤器。也就是说，一旦发现一个模式，就会通过 RSI 过滤器对其进行验证。

 RSI 也可以衡量动向。因此，若该值高于 50 则利好（上升趋势），若该值低于 50 则利空（下降趋势）。这是一种使用 RSI 作为趋势跟随指标的方法。

该策略的交易条件如下：

* 当看涨的双重麻烦模式出现，且 14 周期的 RSI 值大于 50 时，产生一个买入信号。

* 当看跌的双重麻烦模式出现，且 14 周期的 RSI 值小于 50 时，产生一个卖出信号。

基于此，过滤器实际上是 RSI 与 50 这个中性水平的比值。使用过滤器来增加"看不见的手"机制进行交易的命中比率。[注1] 这种策略的根本思路在于，仅在看涨的市场条件下接收看涨的信号，且仅在看跌的市场条件下接收看跌的信号。

以下代码段展示了如何编写这种策略的信号函数：

注1：看不见的手涉及与趋势一致的交易，例如，仅在看涨趋势下关注买入信号，同时忽视其他的卖出信号。

```python
def signal(data, open_column, high_column, low_column, close_column,
           atr_column, rsi_column, buy_column, sell_column):

    data = add_column(data, 5)

    for i in range(len(data)):

        try:

            # 看涨情况的逻辑
            if data[i, close_column] > data[i, open_column] and \
               data[i, close_column] > data[i - 1, close_column] and \
               data[i - 1, close_column] > data[i - 1, open_column] and \
               data[i, high_column] - data[i, low_column] > \
               (2 * data[i - 1, atr_column]) and \
               data[i, close_column] - data[i, open_column] > \
               data[i - 1, close_column] - data[i - 1, open_column] and \
               data[i, buy_column] == 0 and \
               data[i, rsi_column] > 50:

                    data[i + 1, buy_column] = 1

            # 看跌情况的逻辑
            elif data[i, close_column] < data[i, open_column] and \
                 data[i, close_column] < data[i - 1, close_column] and \
                 data[i - 1, close_column] < data[i - 1, open_column] and \
                 data[i, high_column] - data[i, low_column] > \
                 (2 * data[i - 1, atr_column]) and \
                 data[i, open_column] - data[i, close_column] > \
                 data[i - 1, open_column] - data[i - 1, close_column] and \
                 data[i, sell_column] == 0 and \
                 data[i, rsi_column] < 50:

                    data[i + 1, sell_column] = -1

        except IndexError:

            pass

    return data
```

需要注意的是，通过给 RSI 代码添加过滤条件，用于得到它与中性水平值 50 的相对值。图 10-1 展示了美元兑加元市场的信号图。

你可以随时调整策略，使其更好地适配你的情况以及市场特性。不过你需要了解到，RSI 并不是一个神奇的趋势预测器，由于它是由价格衍生出来的，因此会有滞后性（也就是说，它并不能预见未来，而只是简单地描述过去的情况）。此外，RSI 往往会突破然后又回到到 50 这个数值级别，这种情况可能会给你带来一些错误信号。

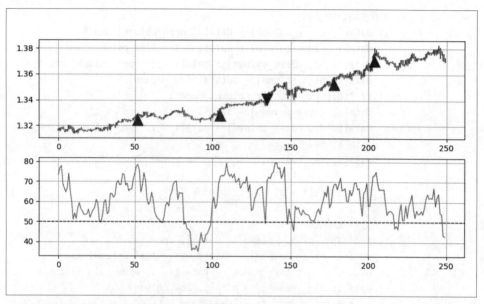

图 10-1：该信号图使用结合了双重麻烦模式和 RSI 的策略

10.2 将三 K 线模式和移动平均线结合

移动平均线是非常好的趋势过滤器，可以用来辅助决策是否接收信号。要记住的是，移动平均线是在滑动窗口内随着市场价格变动的移动平均值。该策略使用了来自不同领域的两个趋势跟随元素，用于产生信号。[注2]

三 K 线模式是一种趋势跟随配置，它是由大量可以证实基础趋势的同质连续 K 线构成。通常来说，看涨的三 K 线模式被称为白三兵，看跌的情况则被称为三黑鸦。

注 2： 三 K 线模式来源于模式识别领域，而移动平均线来源于统计学和趋势跟随策略指标的领域。

与使用 RSI 作为趋势跟随器的方式类似，使用移动平均线确定基础趋势也非常有用。

若你看到市场在其移动平均线之上（例如，100 个周期的移动平均线），这往往表示市场目前处于牛市中；若你看到市场在其移动平均线下方时，这往往表示市场目前处于熊市中，因此移动平均线表示应该采用哪种类型的信号。

该策略的交易条件如下：

- 当市场价格高于 100 个周期内的移动平均值时，出现白三兵模式，则会产生一个买入信号。

- 当市场价格低于 100 个周期内的移动平均值时，出现三黑鸦模式，则会产生一个卖出信号。

趋势跟随策略将 K 线图模式和趋势过滤器相结合的方式，以增加交易的信心。尽管历史回测表明，过滤器并没能增加命中率，但对于某些市场来说，比例则有显著提升。

以下代码片段展示了如何编写策略的信号函数：

```
def signal(data, open_column, close_column, ma_column, buy_column,
        sell_column):

    data = add_column(data, 10)

    for i in range(len(data)):

        try:

            # 看涨情况的逻辑
            if data[i, close_column] - data[i, open_column] > body and \
                data[i - 1, close_column] - data[i - 1, open_column] > \
                body and data[i - 2, close_column] - \
                data[i - 2, open_column] > body and data[i, close_column] \
                > data[i - 1, close_column] and data[i - 1, close_column] \
```

```
              > data[i - 2, close_column] and data[i - 2, close_column] \
              > data[i - 3, close_column] and data[i, close_column] > \
              data[i, ma_column] and data[i, buy_column] == 0:

                   data[i + 1, buy_column] = 1

          # 看跌情况的逻辑
          elif data[i, open_column] - data[i, close_column] > body and \
              data[i - 1, open_column] - data[i - 1, close_column] > body \
              and data[i - 2, open_column] - data[i - 2, close_column] \
              > body and data[i, close_column] < \
              data[i - 1, close_column] and data[i - 1, close_column] \
              < data[i - 2, close_column] and data[i - 2, close_column] \
              < data[i - 3, close_column] and data[i, close_column] < \
              data[i, ma_column] and data[i, sell_column] == 0:

                   data[i + 1, sell_column] = -1

      except IndexError:

          pass

  return data
```

图 10-2 展示了一个有着 100 周期内移动平均线的信号图示例（从左上角开始
的曲线），此移动平均线起着过滤器的作用。需要注意的是，当市场处于其
移动平均线之上时，你只需关注看涨信号；而当市场处于其移动平均线之下时，
你只需关注看跌信号。

图 10-2：该信号图使用结合了三烛图和移动平均线的策略

这个策略最适合用于确认其他趋势跟随策略。例如，一个基本面交易者在美元兑日元中有一个套息交易，并且看到当市场位于其 100 周期内的移动平均线之上时出现了白三兵模式。这一观察可以用于增加盈利的信心或是确认加仓的信号。归根究底，交易就是一个数字游戏，在你的那一方堆叠赔率会增加获利的可能性。

基本面交易者是一类交易者，他们依赖于经济和财务状况的分析而非技术分析来做出决策。

套息交易是一类货币持仓方式，涉及买入（做多）利率较高的货币和卖出（做空）利率较低的货币，以从利率差中获利。

10.3 将瓶子模式与随机振荡指标结合

与 RSI 类似，随机振荡指标是一个在技术交易中广泛使用的动量指标，为零售和专业社区所熟知。随机振荡指标使用基础标准化函数来将值限定在 0~100

之间。它比 RSI 更易计算。在讨论振荡指标之前，我们先来看一下标准化的含义。

一旦你有一组不同且没有上下限的值时，比如市场价格（或任何其他随机的时间序列数集），你可以将这些值标准化到 0~1 之间，其中 0 是特定时间窗口的最低值，1 是特定时间窗口的最高值。看看下面这个表格：

时间步距	1	2	3	4	5
数值	10	40	5	90	25
标准化后的值	0.06	0.41	0.00	1.00	0.24

从上面的表格可以看到，当变量从时间周期 1 移动到到时间周期 5 的时间里，标准化后的值这一行展示了它们可以被限制在 0~1 之间，其中 0 代表最低值（即 5），1 代表最高值（即 90）。同样，注意如何将值标准化到 0~1 之间后得到 0.41，这表示它可能是中间的某个值。因为 40 大约是 5~90 之间数据差距的一半。

下面的公式展示了如何在特定时间窗口内将值标准化为 0~1 之间：

$$x_{标准化} = x_{原始值} - x_{最小值} / x_{最大值} - x_{最小值}$$

让我们尝试使用前表的例子来算一下。用公式对数值 10 进行标准化，你应该有如下计算：

$$x_{标准化} = （10 - 5）/（90 - 5）= 0.06$$

随机振荡指标通过将多个高价和多个底价整合入计算的方式，来修正市场价格的标准化结果，因此公式化为下列形式：

$$随机值_i = 收盘价格_i - 最低价_{i-n:i} / 最高价_{i-n:i} - 最低价_{i-n:i}$$

上面公式的意思为，随机振荡指标的当前值是当前收盘价减去设定的回溯周期内的最低价，再除以同一回溯周期内的最高价与最低价之间的差额。

简单的标准化函数与随机震荡指标的函数之间的差异在于，后者增加了最高价和最低价。

随机震荡指标也可以描述为上述公式的平滑版，它通常和一个以其值为计算基础的短期移动平均线一起绘制，我们称其为信号线。创建默认的随机震荡指标，可以遵循如下步骤：

1. 使用随机震荡指标的函数，以 14 个周期作为滑动窗口，对值进行规范化。

2. 用三期移动平均线平滑第一步的结果。这就是随机震荡指标。

3. 计算信号线，也就是另一个基于第二步值的三期移动平均线。这就是信号线。

第一个基于随机震荡指标计算的移动平均线被称为平滑，此时信号线被称为减速。

与 RSI 类似，随机震荡指标的取值范围在 0~100 之间，其超卖区下限为 20，超买区上限为 80。由于其公式的设定，它相对于 RSI 更具波动性，更容易从一个极端迅速转向另一个极端。

许多技术可以与随机震荡指标相结合，不过我们所感兴趣的是它与信号线的交叉。这种技术被称为交叉技术，在逆势策略中非常有名（不过，我将其与趋势跟随 K 线图模式结合使用，因此它被转变为趋势跟随技术）。

你必须小心使用随机震荡指标，由于规范化函数特性，其值有时会趋向于极值，从而提供假信号。黏性效应是当振荡指标在超卖和超买区内停留长时间时出现的现象。

以下片段展示了如何编写随机震荡指标的代码：

```python
def stochastic_oscillator(data,
                          lookback,
                          high,
                          low,
                          close,
                          position,
                          slowing = False,
                          smoothing = False,
                          slowing_period = 1,
                          smoothing_period = 1):

    data = add_column(data, 1)

    for i in range(len(data)):

        try:

            data[i, position] = (data[i, close] - min(data[i - lookback \
                                + 1:i + 1, low])) / (max(data[i - lookback\
                                + 1:i + 1, high]) - min(data[i - lookback \
                                + 1:i + 1, low]))

        except ValueError:

            pass

    data[:, position] = data[:, position] * 100

    if slowing == True and smoothing == False:

        data = ma(data, slowing_period, position, position + 1)

    if smoothing == True and slowing == False:

        data = ma(data, smoothing_period, position, position + 1)

    if smoothing == True and slowing == True:

        data = ma(data, slowing_period, position,   position + 1)

        data = ma(data, smoothing_period, position + 1, position + 2)

    data = delete_row(data, lookback)

    return data
```

该策略的交易条件如下：

- 当出现看涨的瓶子模式，且随机振荡指标高于其信号线时，会产生一个买入信号。

- 当出现看跌的瓶子模式，且随机振荡指标低于其信号线时，会产生一个卖出信号。

以下代码片段展示了如何编写该策略的信号函数：

```python
def signal(data, open_column, high_column, low_column, close_column,
           stochastic_column, signal_column, buy_column, sell_column):

    data = add_column(data, 5)

    for i in range(len(data)):

        try:

            # 看涨情况的逻辑
            if data[i, close_column] > data[i, open_column] and \
               data[i, open_column] == data[i, low_column] and \
               data[i - 1, close_column] > data[i - 1, open_column] and \
               data[i, open_column] < data[i - 1, close_column] and \
               data[i, stochastic_column] > data[i, signal_column] and \
               data[i, buy_column] == 0:

                data[i + 1, buy_column] = 1

            # 看跌情况的逻辑
            elif data[i, close_column] < data[i, open_column] and \
                 data[i, open_column] == data[i, high_column] and \
                 data[i - 1, close_column] < data[i - 1, open_column] and \
                 data[i, open_column] > data[i - 1, close_column] and \
                 data[i, stochastic_column] > data[i, signal_column] and \
                 data[i, sell_column] == 0:

                data[i + 1, sell_column] = -1

        except IndexError:

            pass

    return data
```

图 10-3 展示了美元兑瑞郎的信号图。

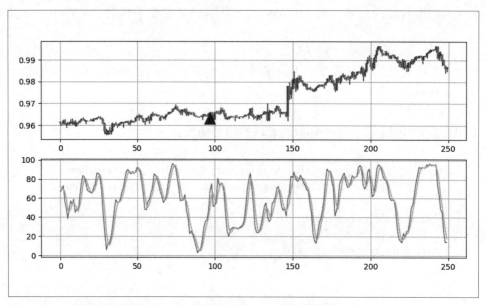

图 10-3：该信号图使用结合了瓶子模式和随机振荡指标的策略

10.4 将 Marubozu 模式与 K 的波动性带结合

让我们从本书中介绍的第一个 K 线图模式开始。Marubozu 模式可以被认为是最强大的 K 线图，因为它没有影线，这表示市场从一个点直接到另一个点，没有一丝犹豫。

这种策略使用了一种被称为波动性带的概念，这是一种包围市场价格的技术，以提供动态支持和阻力水平。

有许多类型的波动性带。其中最著名的波动带是波利格带。对于不同类型的波动性带来说，其可靠性是由基础市场和其参数所决定的。

如果你想要理解 K 的波动性带，你需要先理解布林带的基本知识。这个概念是由约翰·博灵格设计，这些波段更多在于其统计属性而非技术属性。

思考这个列表：{11,4,5,20}。给出这四个值，你会怎样描述这些元素？一般来说，描述一个列表中元素的最佳方式是使用均值。这也是预估下一个值（如果你要按时间顺序加入一个新元素）的最佳方式。要计算一个列表的平均值，可以使用以下公式进行计算：

$$\chi = \frac{1}{n}\left(\sum_{i=1}^{n} x_i\right) = \frac{x_1 + x_2 + \dots + x_n}{n}$$

由此公式来看，你必须把将它们加总，然后除以总个数：

$$\chi = \frac{11 + 4 + 5 + 20}{4} = 10$$

因此，该列表的平均值是 10。还记得上一章的波动性概念吗？就是你使用 ATR 来估算价格相对过去的波动。这种方式的带状部分使用另一种技术来计算波动性，该方法是描述性统计中使用的技术，即标准偏差。

标准差是每个变量相对于组均值的方差的平方根。这个概念听起来可能很复杂，我们通过几个步骤来简化一下：

- 计算每个变量（即收盘价）与平均值（回溯固定周期）的偏差。

- 将偏差乘方，这样就不会有负值。

- 计算这些偏差乘方后的平均数。该计算结果称为方差。

- 计算方差的平方根。该计算结果称为标准差。

 在最后一步进行开方操作，可以让你将偏离值与平均数在同一级别上进行比较。

在数学上，标准差的公式如下：

$$\sigma = \sqrt{\frac{1}{n}\sum_{i=1}^{n}\left(x_i - \chi\right)^2}$$

现在你已经知道如何计算移动平均线，你可以简单地应用滑动标准差来进行度量，除了你是在计算一个滑动的波动率以外，计算方式和移动平均线一样，布林格带的计算方式如下：

- 布林格带的上线为当前 20 个周期内的移动平均线和当前标准差乘以 2 之和。

- 布林格带的下线为当前 20 个周期内的移动平均线和当前标准差乘以 2 之差。

 标准差乘以一个常量（默认是 2），然后将该计算结果加上当前移动平均线的值，或从当前移动平均线的值中减去。

图 10-4 展示了在美元兑瑞郎市场中应用布林格带的例子。有些交易者喜欢保留中线（即 20 个周期内的移动平均线）。不过在布林格带的使用场景中，这条线并没有布林格带本身所提供的价值大。

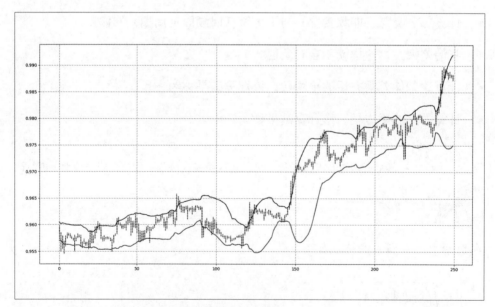

图 10-4：在美元兑瑞郎市场中应用布林格带的案例

通常，当市场触达布林格带的下线时，则认为是超卖了，预期后续会有一个涨幅。类似的，当市场触及布林格带的上线时，则认为是超买了，预期后续会有一个跌幅。

我们现在来看看 K 的波动性带，这个图的思路来自布林格带。遵循以下条件：

- 计算过去 20 个周期最高点和最低点之间的平均值。

- 计算过去 20 个周期中的最高标准偏差。

- 波动带的上线是第一步的结果和第二步的结果乘以 2 的和。

- 波动带的下线是第一步的结果和第二步的结果乘以 2 的差。

 类似地，标准差的最大值乘以一个常数（默认为 2），然后该结果与当前最高点和最低点的平均值相加或相减。

下面的代码段展示了如何编写 K 的波动性带的函数：

```
# 定义标准差的计算函数
def volatility(data, lookback, close, position):

    data = add_column(data, 1)

    for i in range(len(data)):

        try:

            data[i, position] = (data[i -lookback + 1:i + 1, close].std())

        except IndexError:

            pass

    data = delete_row(data, lookback)

    return data

def k_volatility_band(data, lookback, multiplier, high, low, close,
                        position):
```

```
data = add_column(data, 6)

# 计算中线
for i in range(len(data)):

    try:

        data[i, position] = max(data[i - lookback + 1:i + 1, high])
        data[i, position + 1] = min(data[i - lookback + 1:i + 1, low])
        data[i, position + 2] = (data[i, position] + data[i, position \
                                 + 1]) \/ 2

    except ValueError:

        pass

data = delete_column(data, position, 2)

# 计算最大波动率
data = volatility(data, lookback, close, position + 1)

for i in range(len(data)):

    try:

        data[i, position + 2] = max(data[i - lookback + 1:i + 1, \
                                position + 1])

    except ValueError:

        pass

data = delete_column(data, position + 1, 1)

# 计算波动带
data[:, position + 2] = data[:, position] + (multiplier * data[:, \
                        position + 1])
data[:, position + 3] = data[:, position] - (multiplier * data[:, \
                        position + 1])

data = delete_column(data, position + 1, 1)

return data
```

计算中线是整个策略的关键，因为它是主要的筛选条件。因此，在 K 的波动带场景中，中线要在图表中表现出来。

需要注意的是，波动和标准差是可以互换的。

图 10-5 展示了一个将 K 的波动带应用于美元兑瑞郎的案例。

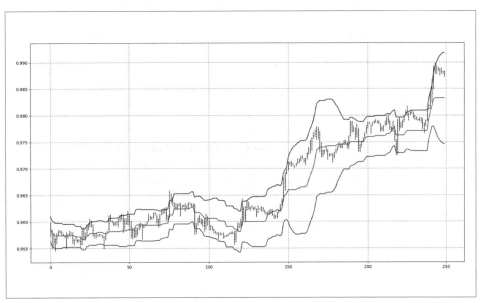

图 10-5：K 的波动带应用于美元兑瑞郎市场的一个例子

现在让我们来探讨一下这个策略。交易条件如下：

- 当市场价格低于中线时，一旦出现看涨的 Marubozu 模式，就会产生一个买入信号。

- 当市场价格高于中线时，一旦出现看跌的 Marubozu 模式，就会产生一个卖出信号。

以下代码片段展示了如何编写该策略的信号函数：

```
def signal(data, open_column, high_column, low_column, close_column,
```

```
                              middle_band, buy_column, sell_column):

       data = add_column(data, 5)

       for i in range(len(data)):

           try:

               # 看涨配置
               if data[i, close_column] > data[i, open_column] and \
                  data[i, high_column] == data[i, close_column] and \
                  data[i, low_column] == data[i, open_column] and \
                  data[i, close_column] < data[i, middle_band] and \
                  data[i, buy_column] == 0:

                       data[i + 1, buy_column] = 1

               # 看跌配置
               elif data[i, close_column] < data[i, open_column] and \
                    data[i, high_column] == data[i, open_column] and \
                    data[i, low_column] == data[i, close_column] and \
                    data[i, close_column] > data[i, middle_band] and \
                    data[i, sell_column] == 0:

                       data[i + 1, sell_column] = -1

           except IndexError:

                   pass

       return data
```

图 10-6 展示了一张澳元兑纽元市场的信号图。

接下来的情况是可选的，你可以考虑下列这些有着更多限制的条件（当然信号也会出现的更不频繁）：

- 当市场价格低于波动带的下线时，一旦出现看涨的 Marubozu 模式，就会产生一个买入信号。

- 当市场价格高于波动带的上线时，一旦出现看跌的 Marubozu 模式，就会产生一个卖出信号。

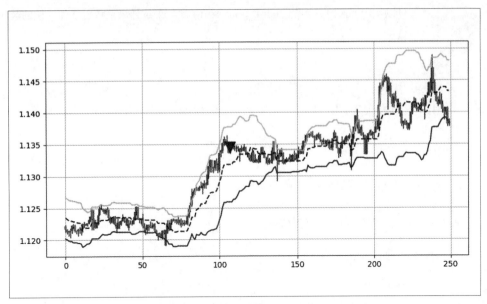

图 10-6：使用了 Marubozu 模式和 K 波动带的策略的信号图

总的来说，这种策略可能会信号产生得更少，但直观上说，它强依赖于最有效的 K 线图（在幅度上）和统计极值。

10.5 将 H 模式和趋势强度指数相结合

趋势强度指数 (TII) 是用来衡量趋势的强度。它由移动平均线和其周围的价格偏差经由简单的计算，以有限的形式来展示趋势的强度。按照以下步骤可以构建这个指标：

1. 计算的 20 个周期内市场价格的移动平均值。

2. 计算市场价格与移动平均值的偏差。通过在两列数据上计算来完成。如果收盘价格高于其移动平均值，则在第一列中填充二者之间的偏差量（上涨量），如果当前市场价格低于其移动平均值，则在第二列中填充二者之间的偏差量（下跌量）。

3. 计算市场价格高于其移动平均值和低于其移动平均值的次数。

可以使用 numpy 库中的 count_nonzero() 函数来统计满足特定条件的值的数量。

- 使用以下公式来发现 TII（默认回顾 20 个周期）：

$$TII_i = [上升数 / （上升数 + 下降数）] \ x \ 100$$

使用 Python 对 TII 的逻辑进行编码，函数如下：

```python
def trend_intensity_indicator(data, lookback, close_column, position):

    data = add_column(data, 5)

    # 计算移动平均值
    data = ma(data, lookback, close_column, position)

    # 计算偏差值
    for i in range(len(data)):

        if data[i, close_column] > data[i, position]:
            data[i, position + 1] = data[i, close_column] - \
            data[i, position]

        if data[i, close_column] < data[i, position]:
            data[i, position + 2] = data[i, position] - \
            data[i, close_column]

    # 计算 TII
    for i in range(len(data)):

        data[i, position + 3] = np.count_nonzero(data[i - lookback + 1:i \
                        + 1, position + 1])

    for i in range(len(data)):

        data[i, position + 4] = np.count_nonzero(data[i - lookback + 1:i \
                        + 1, position + 2])

    for i in range(len(data)):
```

```
        data[i, position + 5] = ((data[i, position + 3]) / (data[i, \
                              position + 3] + data[i, position + 4])) \
                              * 100

    data = delete_column(data, position, 5)

    return data
```

通常情况下，当 TII 大于 50 时，表示此时有一个强劲的看涨势头，当 TII 小于 50 时，则表示此时有一个强劲的看跌势头。

该策略的交易条件如下：

- 当 20 个周期内的 TII 高于 50 时，一旦出现看涨的 H 形态，就会产生一个买入信号。

- 当 20 个周期内的 TII 低于 50 时，一旦出现看跌的 H 形态，就会产生一个卖出信号。

 优化 TII 的回望周期，调整到最合适的参数是很重要的。H 形态，作为一种反转无效的形态，因此也是一种趋势确认的形态，可能会与显示基础趋势强度的指标很好地结合。

以下代码片段展示了如何编写该策略的信号函数：

```
def signal(data, open_column, high_column, low_column, close_column,
           tii_column, buy_column, sell_column):

    data = add_column(data, 5)

    data = rounding(data, 4) # 取 4 位小数，可以把 0 替换为 4

    for i in range(len(data)):

        try:

            # 看涨配置
```

```
        if data[i, close_column] > data[i, open_column] and \
           data[i, close_column] > data[i - 1, close_column] and \
           data[i, low_column] > data[i - 1, low_column] and \
           data[i - 1, close_column] == data[i - 1, open_column] and \
           data[i - 2, close_column] > data[i - 2, open_column] and \
           data[i - 2, high_column] < data[i - 1, high_column] and \
           data[i, tii_column] > 50:

                data[i + 1, buy_column] = 1

    # 看跌配置
    elif data[i, close_column] < data[i, open_column] and \
         data[i, close_column] < data[i - 1, close_column] and \
         data[i, low_column] < data[i - 1, low_column] and \
         data[i - 1, close_column] == data[i - 1, open_column] and \
         data[i - 2, close_column] < data[i - 2, open_column] and \
         data[i - 2, low_column] > data[i - 1, low_column] and \
         data[i, tii_column] < 50:

              data[i + 1, sell_column] = -1

    except IndexError:

        pass

return data
```

图 10-7 是在欧元兑英镑市场的信号图。

该图中可以看到，存在一个信号满足看涨条件。

对本章做个总结，重要的是要将正确的模式与正确的指标相结合，这一项需要通过回测来完成。当然，这里提到的组合只是一些例子，通过将另外一些指标和另外一些模式相融合，或许也可以得到更强大的组合。值得一提的是，你可以在策略中涉及多种模式，不一定只是将一个模式与一个指标相结合。

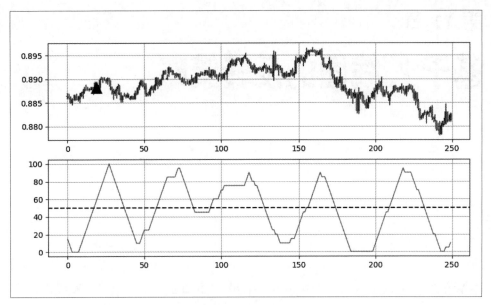

图 10-7：使用 H 型模式和趋势强度指数结合的策略的信号图

第 11 章
基于 K 线图的反转策略

本章介绍了 K 线图模式策略中的反转模式。不知你还记不记得，K 线图模式本身不太可能提供稳定的收益，它们必须结合更精炼的技术和指标，才能将简单的想法和观测结果转化为可行的交易设置项。

你应该能识别出本章中使用的一些指标，因为他们已经表现出他们在趋势跟随中的价值。值得注意的是，RSI 不仅可以展现当前的市场状态（有助于确定趋势），而且还可以展现可能指向逆转的极端情况（有助于确定反向交易）。换句话说，根据你的使用方式，RSI 既可以是一个趋势跟随指标，也可以是一个反转指标。

一定要专注于将模式与指标结合的直觉，这样你就可以构建自己的策略组合。毕竟，第 10 章和第 11 章的目的就是去帮助你设计自己的策略。

11.1 结合十字星模式和 RSI

这种讲 K 线图模式和技术指标结合的策略可能是最令人熟悉的一种了。十字星模式是最简单的反转配置，同时，RSI 是最常用且被研究最多的指标，二者都可以相对准确地确认预期的反转行为。

RSI 过滤器使得将十字星模式转变为单 K 线而非三 K 线模式成为可能。这是因为十字星模式中的第一根和第三根 K 线只用来区分看涨和看跌的十字星模式。因此，十字星模式只是看起来像加号的 K 线图。

此策略在 RSI 上采用了积极型策略，即等待其值低于超卖水准或高于超买水准。超卖和超买水准因基础市场和 RSI 的回望周期而异。

一般来说，以 14 周期的 RSI（默认情况）为例，交易员倾向于使用 30 作为超卖水准，70 作为超买水准。若此策略使用 3 周期的 RSI，则将 20 设为超卖水准，80 设为超买水准。这样设置的目的在于增加信号的频率，使得同时出现十字星模式和 RSI 上的信号的可能性更大。

交易条件如下：

- 当出现看涨的十字星模式时，如果 3 周期 RSI 低于 20，就会产生一个买入信号。

- 当出现看跌的十字星模式时，如果 3 周期 RSI 高于 80，就会产生一个卖出信号。

以下代码片段展示了如何编写策略的信号函数：

```
lower_barrier = 20
upper_barrier = 80

def signal(data, open_column, close_column, indicator_column,
           buy_column, sell_column):

    data = add_column(data, 5)

    data = rounding(data, 0)

    for i in range(len(data)):

        try:

            # 看涨配置
```

```
            if data[i, close_column] == data[i, open_column] and \
                data[i, indicator_column] < lower_barrier:

                    data[i + 1, buy_column] = 1

            # 看跌配置
            elif data[i, close_column] == data[i, open_column] and \
                data[i, indicator_column] > upper_barrier:

                    data[i + 1, sell_column] = -1

        except IndexError:

            pass

    return data
```

图 11-1 是一张澳元兑纽元的信号图，该图展示了策略在实践中的运用。通过阅读前面的章节，或许你已经感受到，逆向技术在平稳（横向走势）市场中效果更好，这是由于供需之间隐存有平衡，任何一方的过度都注定将回归至平衡。这种过度通过逆向工具测量到。

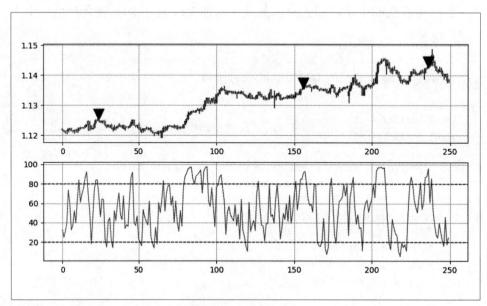

图 11-1：该信号图使用结合了十字星模式和 RSI 的策略

总结一下，十字星模式既通用，同时由于它很简单，易于与技术指标进行集成。这种策略易于理解，同时还存在许多其他的变体，这些变体旨在强化其频率和盈利能力。

11.2 结合吞没模式和布林带

第 10 章提到，布林带是一种包络线技术，它随市场价格移动，并且通过统计方法来提供动态支持和阻力水平。此策略将吞没模式与市场价格相对于布林带的上下线位置相结合。

该策略的交易条件如下：

- 每当市场价格低于布林带下线时，同时出现了看涨吞没模式，就会产生一个买入信号。

- 每当市场价格高于布林带上线时，同时出现了看跌吞没模式，就会产生一个卖出信号。

 市场价格低于布林带下线表明是统计意义上的超卖事件，此时意味着看涨反应。相反，市场价格高于布林带上线则意味着统计意义上的超买事件，而这意味着看跌反应。

以下代码段展示如何为该策略编写信号函数：

```
def signal(data, open_column, close_column, upper_band_column,
           lower_band_column, buy_column, sell_column):

    data = add_column(data, 5)

    for i in range(len(data)):

        try:
```

```
# 看涨配置
if data[i, close_column] > data[i, open_column] and \
    data[i, open_column] < data[i - 1, close_column] and \
    data[i, close_column] > data[i - 1, open_column] and \
    data[i - 1, close_column] < data[i - 1, open_column] and \
    data[i - 2, close_column] < data[i - 2, open_column] and \
    data[i, close_column] < data[i, lower_band_column]:

        data[i + 1, buy_column] = 1

# 看跌配置
elif data[i, close_column] < data[i, open_column] and \
    data[i, open_column] > data[i - 1, close_column] and \
    data[i, close_column] < data[i - 1, open_column] and \
    data[i - 1, close_column] > data[i - 1, open_column] and \
    data[i - 2, close_column] > data[i - 2, open_column] and \
    data[i, close_column] > data[i, upper_band_column]:

        data[i + 1, sell_column] = -1

except IndexError:

    pass

return data
```

通常，布林带使用 20 个周期作为回溯期，使用 2 作为标准差。但让我们再次复习一下这些定义，以便你能够更好地理解这个重要指标的设计理念：

- 20 个周期的回溯期是指对 20 个周期的市场价格（收盘价格）计算移动平均数。同样，也会计算 20 个周期市场价格（收盘价格）的移动标准差。

- 标准差为 2 的含义为，在将滑动标准差加到移动平均数或从中减去之前，先将其乘以二。

以下代码片段展示了计算布林格带的函数：

```
def bollinger_bands(data, lookback, standard_deviation, close, position):

    data = add_column(data, 2)
```

```
# 计算移动平均
data = ma(data, lookback, close, position)

# 计算标准差
data = volatility(data, lookback, close, position + 1)

data[:, position + 2] = data[:, position] + (standard_deviation *
                            data[:, position + 1])
data[:, position + 3] = data[:, position] - (standard_deviation *
                            data[:, position + 1])

data = delete_row(data, lookback)

data = delete_column(data, position + 1, 1)

return data
```

波动性等同于标准差。

这个策略使用的布林格带，周期为 20，标准差为 1。如同之前的策略中看到过的，这样做是为了提高信号的频率。图 11-2 是一张美元兑加元的信号图，该图中展示了这个策略的实际运用情况。

需要注意的是，带子是如何贴近市场价格，并且定期跌破下线或超过上线。从统计上讲，如果假设金融时间序列遵循正态分布，那么市场价格的 68% 应该在移动平均线的一个标准差之内（用带子的上下线表示）。

吞没模式本身就不是一个常见的模式，通过添加额外的过滤（布林格带），出现频率甚至急剧下降，这就是为什么调整参数如此重要。

图 11-2：该信号图使用结合了吞没模式和布林带的策略

11.3 结合穿刺模式和随机震荡指标

这种策略结合了穿刺模式（一种典型的 K 线图反转配置）和随机震荡指标（我们在第 10 章讨论过的技术指标）。

需要记住的是，随机震荡指标通过规范化的方式来构建一个介于 0~100 之间的滑动计算，以此来将高价和低价纳入考量范围。它在解读和使用的方式上类似于 RSI。

该策略的交易条件如下：

- 每当出现一个看涨的穿刺模式，同时 14 个周期内的随机震荡指标低于 20 时，就会产生一个买入信号。

- 每当出现一个看跌的穿刺模式，同时 14 个周期内的随机震荡指标高于 80 时，就会产生一个卖出信号。

以下代码片段展示了如何编写该策略的信号函数：

```python
lower_barrier = 20
upper_barrier = 80

def signal(data, open_column, close_column, indicator_column,
           buy_column, sell_column):

    data = add_column(data, 5)

    for i in range(len(data)):

        try:

            # 看涨配置
            if data[i, close_column] > data[i, open_column] and \
               data[i, close_column] < data[i - 1, open_column] and \
               data[i, close_column] > data[i - 1, close_column] and \
               data[i, open_column] < data[i - 1, close_column] and \
               data[i - 1, close_column] < data[i - 1, open_column] and \
               data[i - 2, close_column] < data[i - 2, open_column] and \
               data[i, indicator_column] < lower_barrier:

                    data[i + 1, buy_column] = 1

            # 看跌配置
            elif data[i, close_column] < data[i, open_column] and \
                 data[i, close_column] > data[i - 1, open_column] and \
                 data[i, close_column] < data[i - 1, close_column] and \
                 data[i, open_column] > data[i - 1, close_column] and \
                 data[i - 1, close_column] > data[i - 1, open_column] and \
                 data[i - 2, close_column] > data[i - 2, open_column] and \
                 data[i, indicator_column] > upper_barrier:

                    data[i + 1, sell_column] = -1

        except IndexError:

            pass

    return data
```

图 11-3 是一张美元兑瑞郎的信号图，上向箭头和下向箭头分别表示多头和空头信号。

总的来说，将穿刺模式与随机震荡指标相结合为预期反转提供了额外的确认因素。随机震荡指标可以根据需要进行调整，以校准策略到所需的频率和盈利能力。当然，没有策略能够适用于所有资产配置，但这就是我们称为金融市场的这种半随机环境所具有的特性。

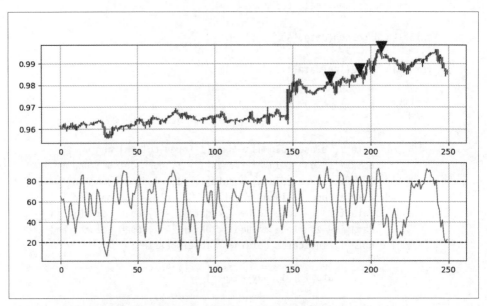

图 11-3：该信号图使用结合了穿刺模式和随机震荡指标的策略

11.4 结合狂喜模式和 K 线包络线

K 线包络线是两条简单基于 800 期移动平均值的线，其中一条绘制于价格的高点，另一条绘制于价格的低点，从而构成了一个区间。由此可知，它是一个动态随市场价格移动的支持和阻力区间。K 线包络线的一个重要特点就在于其稳定性，由于回望期极其高使得它具有这样的稳定性，因此它可以相对免受短期波动或噪声的影响。

该指标极其简单，可以用于确定当前形势（看涨或看跌），或在市场进入需求和供应区域时发现该区域。下面的代码块展示了 K 线包络线的函数：

```
def k_envelopes(data, lookback, high, low, position):

    # 计算移动平均的上线
    data = ma(data, lookback, high, position)

    # 计算移动平均的下线
    data = ma(data, lookback, low, position + 1)

    return data
```

图 11-4 是应用了 K 线包络线的美元兑瑞郎（USDCHF）走势图。需要注意包络线是如何提供动态支持和阻力区域的。

图 11-4：应用 K 线包络线的美元兑瑞郎（USDCHF）走势图

现在我们的想法是将 K 线包络线与 K 线图相结合。该策略的交易条件如下：

- 当前市场价格在 K 线包络线内时，一旦出现一个看涨的狂喜模式，则生成一个买入信号。

- 当前市场价格在 K 线包络线内时，一旦出现一个看跌的狂喜模式，则生成一个卖出信号。

由于市场价格在 K 线包络线内时，市场价格是处于待定状态的，其预期反应的方向是由狂喜模式确定的。也就是说，触发条件和反应方向来自于狂喜模式，而其确定条件则由 K 线包络线给出。

以下代码片段展示了如何编写策略的信号函数：

```python
def signal(data, open_column, close_column, upper_k_envelope,
           lower_k_envelope, buy_column, sell_column):

    data = add_column(data, 5)

    data = rounding(data, 4) # Put 0 instead of 4 as of pair 4

    for i in range(len(data)):

        try:

            # 看涨配置
            if data[i, open_column] > data[i, close_column] and \
               data[i - 1, open_column] > data[i - 1, close_column] and \
               data[i - 2, open_column] > data[i - 2, close_column] and \
               data[i, close_column] < data[i - 1, close_column] and \
               data[i - 1, close_column] < data[i - 2, close_column] and \
               (data[i, open_column] - data[i, close_column]) > (data[i - 1,
               open_column] - data[i - 1, close_column]) and \
               (data[i - 1, open_column] - data[i - 1, close_column]) >
               (data[i - 2, open_column] - data[i - 2, close_column]) and \
               data[i, close_column] > data[i, lower_k_envelope] and \
               data[i, close_column] < data[i, upper_k_envelope]:

                    data[i + 1, buy_column] = 1

            # 看跌配置
            elif data[i, open_column] < data[i, close_column] and \
                 data[i - 1, open_column] < data[i - 1, close_column] and \
                 data[i - 2, open_column] < data[i - 2, close_column] and \
                 data[i, close_column] > data[i - 1, close_column] and \
                 data[i - 1, close_column] > data[i - 2, close_column] and \
                 (data[i, open_column] - data[i, close_column]) > (data[i \
                 - 1, open_column] - data[i - 1, close_column]) and \
                 (data[i - 1, open_column] - data[i - 1, close_column]) > \
                 (data[i - 2, open_column] - data[i - 2, close_column]) and \
```

```
                data[i, close_column] > data[i, lower_k_envelope] and \
                data[i, close_column] < data[i, upper_k_envelope]:

                    data[i + 1, sell_column] = -1

        except IndexError:

                pass

        return data
```

图 11-5 展示了一张信号图，该图上对 K 线包络线进行了可视化。由于包络线中出现了狂喜模式，因此我们生成了相应的信号。

该策略借鉴了图形分析（支持和阻力水平）领域的内容，并应用现代 K 线图中的狂喜模式来确认供需区域。

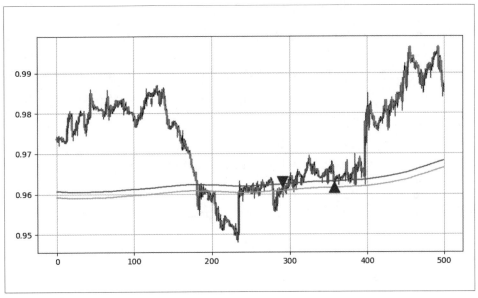

图 11-5：该信号图使用结合了 K 线包络线和狂喜模式的策略

11.5 结合屏障模式和 RSI-ATR

RSI-ATR 到底是什么呢？你现在已经知道 RSI 是一个动量指标，ATR 是一个波动性指标。你也已经了解了如何编码实现以及相应地使用这两个指标。不过，将这二者融合成一个指标你还尚未见过。RSI-ATR 是一个结构化指标，由 RSI 的方向和 ATR 的通胀 / 紧缩属性构成。它的使用方式与 RSI 相同。

 结构化指标是由两个或更多指标组成的技术指标。RSI-ATR 和随机 -RSI（由随机震荡器和 RSI 构成的指标）都是结构化指标。

要计算 RSI-ATR（默认情况下，取 14 作为回顾周期），步骤如下：

1. 计算市场价格的 RSI。

2. 使用之前介绍过的公式计算市场价格的 ATR。

3. 将第一步计算得到的 RSI 除以第二步计算得到的 ATR。

4. 在上一步的结果基础上计算 RSI。

因此，RSI-ATR 是在 RSI（通过市场价格计算得到）和 ATR 的比率上计算得到的 RSI。这就是为何说它是一个加权波动性指标。下面的代码片段展示了如何在 Python 中构建该指标：

```python
def rsi_atr(data, lookback_rsi, lookback_atr, lookback_rsi_atr, high,
            low, close, position):

    data = rsi(data, lookback_rsi, close, position)

    data = atr(data, lookback_atr, high, low, close, position + 1)

    data = add_column(data, 1)

    data[:, position + 2] = data[:, position] / data[:, position + 1]

    data = rsi(data, lookback_rsi_atr, position + 2, position + 3)

    data = delete_column(data, position, 3)

    return data
```

图 11-6 是应用了 14 个周期 RSI-ATR 的美元兑瑞郎（USDCHF）走势图。

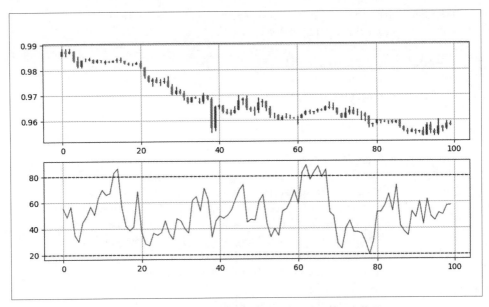

图 11-6：应用了 14 个周期 RSI-ATR 的美元兑瑞郎（USDCHF）走势图

 你肯定注意到了，对比只有一个参数的 RSI，处理 RSI-ATR 的时候有三个参数。RSI-ATR 的第一个参数是 RSI 的回看周期，第二个参数是 ATR 的回看周期，第三个参数是最终 RSI 的回看周期。

RSI-ATR 的特性是，相比原始的 RSI 它有更多的波动性和变化速度，这使得它对市场波动反应更敏感。另一方面，它的使用方式和 RSI 相同。

由于屏障模式是一种现代配置（参见第 7 章），它只是支撑和阻力水平概念的体现。该策略的交易条件如下：

- 当出现看涨的屏障模式，同时 5 个周期的 RSI-ATR 低于 20 时，会产生一个买入信号。

- 当出现看跌的屏障模式，同时 5 个周期的 RSI-ATR 高于 80 时，会产生一个卖出信号。

以下代码片段展示了如何编写该策略的信号函数：

```python
def signal(data, open_column, close_column, indicator_column,
           buy_column, sell_column):

    data = add_column(data, 5)

    for i in range(len(data)):

        try:

            # 看涨配置
            if data[i, close_column] > data[i, open_column] and \
               data[i, close_column] < data[i - 1, open_column] and \
               data[i, close_column] > data[i - 1, close_column] and \
               data[i, open_column] < data[i - 1, close_column] and \
               data[i - 1, close_column] < data[i - 1, open_column] and \
               data[i - 2, close_column] < data[i - 2, open_column] and \
               data[i, indicator_column] < lower_barrier:

                    data[i + 1, buy_column] = 1

            # 看跌配置
            elif data[i, close_column] < data[i, open_column] and \
                 data[i, close_column] > data[i - 1, open_column] and \
                 data[i, close_column] < data[i - 1, close_column] and \
                 data[i, open_column] > data[i - 1, close_column] and \
                 data[i - 1, close_column] > data[i - 1, open_column] and \
                 data[i - 2, close_column] > data[i - 2, open_column]  and \
                 data[i, indicator_column] > upper_barrier:

                    data[i + 1, sell_column] = -1

        except IndexError:

            pass

    return data
```

图 11-7 是澳元兑纽元 (AUDNZD) 的信号图。

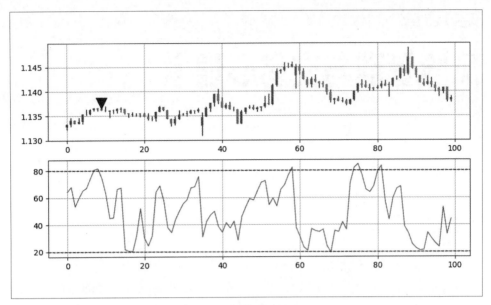

图 11-7：该信号图使用结合了 RSI-ATR 与屏障模式的策略

总的来说，RSI-ATR 是一个有趣的指标，它提供了基于波动性加权的 RSI 信息。将该指标与基于支撑和阻力水平概念的 K 线图模式相结合，可能会构建出强大的交易配置。

第 12 章

风险管理与交易心理学

风险管理是所有交易系统的支柱之一，实际上它可能是最重要的一根支柱。一个兼具预测性和盈利性的交易策略将会使你赚到钱，但是一个健全的风险管理系统能够让你保住已赚到的钱。

本章将会讨论交易过程中的主观部分，并将解释你在交易时可能遇到的偏差。

12.1 风险管理基础

风险管理无需很复杂。你可以使用本节中给出的几条简单规则来构建一个稳健的风险管理系统。

12.1.1 止损与止盈

如本书前面所讨论过的，止损订单是在交易初始化时设置的一个自动订单，以确保一个最小的预设损失。例如，如果你以 1500 美元的价格买入了几手黄金，预期它将上涨到 2000 美元，你可以设定你的止损单为 1250 美元，这样的话，如果价格下跌到 1250 美元，将控制你的损失不超过 250 美元。与此同时，你预期在市场价格达到 2000 美元时出售，这就被称为止盈订单（目标）。

对于任何交易，最基本的风险管理体系是设定合适的止损和止盈，这样你就可以设定你的预期并控制你的风险。

绝对不能违反的一条规则：始终都要设定止损和止盈目标。

12.1.2 动态止损

动态止损是一种动态的止损单，它在市场价格朝着预期方向移动时随着市场价格异动，从而确保减少损失，在某些时候确保交易是不会亏钱的。理解移动止损单最好的方式是通过具体的事例。假设你在欧元兑美元（EURUSD）的价格为 1.0000 美元时买入，你的目标价格是 1.0500 美元。此时你讲止损单价格设为 0.9900 美元，用以限制亏损。假设现在过了两天，当前的市场价格是 1.0230 美元，你想要确保这笔交易不会亏钱。这个问题的解决方案就是通过移动止损单，你把止损位从 0.9900 美元移到 1.0000 美元，这样在最坏的情况下，当市价回落到 1.0000 美元时，你可以平仓，保本。确保至少有一些盈利的另一种方式是把止损位移动到 1.0100 美元，这样无论发生什么事，都可以确保这笔交易盈利。当然，你将止损位移动到离当前市场价格越近的位置，你就更有可能被平仓（在这种情况下是盈利的）。

总的来说，使用移动止损与趋势跟随策略结合总归是一个好的思路。

12.1.3 仓位规模

仓位规模是决定为每笔交易分配的合约或手数的数量。一些交易者将所有交易的规模设定为相同的，另外一些人则根据一个或多个因素赋予不同的权重。有许多方法来设定你的仓位大小，一些方法使用历史数据，这些方法将过去的结果纳入考量，以优化仓位大小。以下是一些策略：

固定金额

这是最简单的仓位规模设置策略，因为这种方法无需任何思考。例如，你不需要选择合约的数量，或思考为这笔交易分配多少钱。比方说，你可以在每一笔交易中都投入 1000 美元，无论你的资金有多少或风险如何。这种策略可能被认为是一个过于简化的策略，不过有些交易者倾向于将他们的精力投向其他地方，让仓位规模保持中立。

投资组合的百分比

这种策略是固定金额策略的一个更加动态的版本，因为交易者的仓位会随着投资组合的规模而增长和减小。例如，你设置了一个 3% 的仓位规模规则。如果你的投资组合的价值是 100000 美元，那么你的交易金额应该是 3000 美元。如果投资组合的市场价值变为 120000 美元，那么你的交易金额应该变为 3600 美元。

信心程度

这种策略时一种基于交易者信心程度的主观策略。例如，如果你对购买欧元兑美元的信心强于购买微软股票，那么你可能会将更多资金投入到欧元兑美元的交易中。金额的多少由你自己决定。

凯利准则

这种策略是一个客观数学公式，通过使用历史结果告诉你应该投资多少。该公式是由约翰·凯利创造，主要用于赌马，不过也用于股市交易。公式如下：

$$凯利权重 = W-（1-W）/ R$$

在该公式中，凯利权重是相对于你的投资组合总价值，你应该采用的交易百分比大小，W 是历史命中率，R 是平均收益和平均损失之间的比率。看看以下例子：

- 过去 100 笔交易的历史命中率 =56%。

- 过去 100 笔交易的历史损失率 =44%。

- 每笔交易的平均收益 =$110。

- 每笔交易的平均损失 =$100。

- 盈利与损失的比率 =1.1。

如果你找到一个交易的契机，推荐的交易配额是多少呢？

通过公式，答案是 16%。当然，凯利准则并不是一个完美的衡量标准，因为有时它倾向于给出大的权重，这些权重在投资多样化方面并不是最优的。用户在使用凯利准则时必须保持谨慎。你也可以使用一个折算因子来降低公式给出的大小。

命中率策略：这种策略时我偶尔会使用的一种个人策略。它基于表现聚类，这表示通常盈利的交易会同时发生，糟糕的交易也是如此。这或许是有道理的，特别是因为某些策略在特定时期表现良好，在另外的时间上表现糟糕。本质上，这就像说交易员有时候会盈利，有时他们会亏损，最有经验的老手们也会遇到这样的情况。表 12-1 说明了如何利用命中率技术决定你的仓位规模。

表 12-1：按时间顺序展示命中率结果

要素	t	t+1	t+2	t+3	t+4	t+5
命中率	50%	60%	40%	40%	70%	60%
仓位规模	$5,000	$6,000	$4,000	$4,000	$7,000	$6,000

该表格展示了当每笔交易的默认金额为 10000 美元时，推荐的买入金额。基本上，当你有 50% 的历史命中率时，系统会推荐分配默认金额的 50%，即 5000 美元。当交易者的表现较好时，该策略会奖励交易者更多的配比和金额。

12.1.4 经济日历

经济日历是最简单的风险管理策略，因为它是一种风险规避形式。经济日历上会呈现重要的新闻发布事件，这些事件预计会对市场产生影响。表 12-2 是一个假设示例，该表格展示了某一天的经济日历。

表 12-2：经济日历

时间	国家	事件	影响	之前值	预计值	实际值
9:00 AM	英国	CPI	高	1.00%	1.20%	1.10%
11:30 AM	德国	核心 CPI	高	0.50%	0.75%	0.75%
4:30 PM	美国	初次申请失业金人数	低	232,000	215,000	229,000
7:30 PM	美国	利率调整	高	1.50%	1.50%	待公布

一些交易者会基于新闻进行交易，因此他们喜欢在新闻发布前或发布几秒后进行交易，以利用波动获利。从风险管理的角度讲，我们并不推荐这种做法，因为随着新闻事件的波动是随机的，有时还会给市场带来惊喜。

最好的做法是，当有可能在历史上导致一些极端变化的重要新闻发布的时间前后，避免进行交易。相关的例子包括政治公告、GDP，以及联邦公开市场委员会（Federal Open Market Committee，FOMC）会议。

FOMC 是 Federal Open Market Committee（联邦公开市场委员会）的缩写。这个委员会负责监督该国的公开市场国债的运营，并决定利率。

12.2 行为金融学：偏见的力量

行为金融学是源自行为经济学的一个领域，用于解释市场的异常和交易者的行为。深入理解行为金融学，你将能够更好地理解市场以某种方式反应的原因，特别是关于某些事件和水平的反应。根据行为金融学，模式具有心理特性，因此是由行为特征引起的。

金融市场是由不同人类和机器参与者的行动和反应所构成，这造就了一个心理和量化的混合物。这解释了低信噪比。换句话说，为什么在定期预测市场时很难达到准确。这些行为和反应也被称为偏见，它们是人类在面对某些事件时的短板。

偏见是本节的主角，偏见可以分为两类：

认知偏见

　　这类偏见来源于知识的缺乏。认知偏见通常涉及错误结论，其中这些错误结论是基于错误的市场假设或由于研究不当导致的。

情绪偏见

　　这类偏见大多是由情感驱动的，具有冲动的特性。它们并不是由于缺乏教育所引起，而是由于缺乏自我控制和自我管理所引起。

12.2.1 认知偏见

本小节列出了一些最常见的认知偏见及其对市场的影响，并提出了避免它们的建议：

保守偏见

　　这类偏见表现在市场参与者对新信息反应迟缓，并过于依赖基本比率。这是一种适应失败的情况。避免这种偏见的方法是，强迫自己对基本分析持怀疑态度，始终保持活力，时刻做好准备迎接变化。市场并不总是重复过去的行为，因为它是前瞻的。

确认偏见

　　这类偏见表现在交易员只关注有利于其持仓的信息类型，并忽略不利于其持仓的信息类型。这绝对是目前最常见的偏见之一，本质上这是一种随着时间的推移导致过度自信的正常心态。纠正这种偏见的最佳方法是保持公正和中立，虽然说起来容易但做起来难。另一种方法是通过自动化决策过程来避免，实现方式为基于强调分析后基础资产的吸引力（或否）的评分卡。一般来说，人类普遍受到这种偏见的影响，这并不仅限于金融领域。

控制错觉偏见

　　这类偏见表现在交易员高估了自己控制交易结果的能力。主要是由于一连串的盈利交易所引起的，这种偏见可能会导致由于对投资资产掌控感过强而产生的集中式持仓。市场是由大量参与者组成的，投资规模达到数万亿美元，因此不太可能被任何个人所影响（有一些非常罕见的例外情况，涉及小型和流动性较差的资产）。消除控制幻觉的方法是保持专注和谦逊，熟记你面对的是一个半随机的环境，其动态和驱动因素每天都在变化。

回顾性偏见

这类偏见表现在交易者高估了他们过去的准确性，这可能会导致过度冒险。回顾过去的图表，很容易得出结论是其后续方向很明确。大多数回测都包含了一种回顾性偏见，因为条件是在分析期末才构建的。当市场技术人员看到一些技术在过去效果很好时，并未考虑到测试期间的环境，因此他们会高估自己的能力。此外，一些配置在发生时可能看起来并不像在完成时那样。虽然很难矫正回顾性偏见，但最好的避免方法是将分析期间存在的变量纳入考量，以更真实地模拟过去的环境。

固着偏见

这类偏见表现在交易者的观点固着在某个基准点上，并且无法改变，无法吸纳新信息。我在上边提到过，分析师或交易者必须保持积极和开放的心态。消除这种偏见最好的方法是随时了解新信息和数据。

心理会计偏见

这类偏见表现在交易者因钱被分配到不同的基金时，给同样金额的钱赋予不同的价值。因此，人们通常会将通过工作赚得的钱和无需工作就赚得的钱进行区别对待。这是一种认知偏见。纠正这种偏见的最佳方式就是在将钱分配到不同的投资组合时，视所有的钱为通货。

可获取性偏见

这类偏见表现在交易者会根据他们对市场的熟悉程度来选择仓位。这意味着熟悉的资产比不熟悉的资产更具吸引力，这是一个错误的假设，因为机会可能来自任何类型的市场。这是一种心理捷径，交易者在研究方面不用付出太多精力。消除这种偏见的方法是，你必须在选择可投资资产的范围前进行充分的尽职调查。不要仅仅因为你熟悉欧元兑美元（EURUSD）市场就去交易：要扩大你的眼界。

损失规避偏见[注1]

这类偏见表现在亏损的痛苦大于盈利的快乐。这是迄今为止最常见的偏见。众所周知，人类更倾向于不损失金钱，而不是赚钱，这在丹尼尔·卡尼曼和阿莫斯·特沃斯（1977）著作的《前景理论：风险决策分析》一书中得到了论证。损失厌恶可能导致风险承担的减少，因此预期的回报也会下降。然而，最显著的影响是在止损水平上。厌恶损失的人们不愿接受他们正在亏损的事实，他们会忽略仓位亏损，将其视为持仓，因此，更愿意等待它变得好转。这是非常危险的，因为不设定止损位可能会导致灾难性的后果。另外，有些人会在盈利的仓位提前结束，因为担心情况变差（这是对遗憾的恐惧的一种形式）。处理厌恶损失的最好方式是自动化风险管理过程，并尊重在交易开始时设定的止损和目标订单。

 每当有钱可以赚的时候，不理智就会潜伏在附近。

12.2.2 情绪偏见

这一节列出了一些最常见的情绪偏见及其影响。我需要提醒你，认知偏见是与知识匮乏有关，情绪偏见则与心理特质有关：

过度自信偏见

这类偏见表现在交易者享受了连续不断的盈利，并坚信这是由于他们对市场的超强交易能力导致的，就会导致集中持仓和过度交易。好运总会结束，因此交易者必须始终遵循程序，确保他们不会偏离策略。

注1：　这也被认为是一种情绪偏见。

遗憾厌恶偏见

这类偏见指的是由于恐惧而维持低风险投资。这完全关乎交易者的风险承受能力。没有正确或者错误的答案，但恐惧遗憾可能会让交易者失去一些有趣的机会。你应该承担风险去赚钱，不过只承担经过计算后的风险。

禀赋效应偏见

这类偏见表现在交易者相信他们拥有的资产比他们并未拥有的资产更有价值。这可能会妨碍交易者的机会，并导致他们局限于他们已经拥有的资产，即使这些资产会随着时间的推移而贬值。市场的机会无处不在，参与者必须始终在寻找下一个大事件。

12.3 交易框架

理论交易主题、模拟交易和真实交易都是截然不同的。所有交易者的目标都是赚取真实的钱财，这比看起来要困难。我们先来定义这三个概念：

理论交易主题

这个概念指的是交易员在思考交易策略并在头脑中对策略进行简化。在此处会形成偏见，尤其是回顾性偏见。

模拟交易

这个概念指的是交易员使用一个平台模拟交易。它非常类似于真实的交易，不过使用的不是真实的钱，因此，它无法模拟现实中激动人心的情绪。

真实交易

这个概念指的是交易员通过真实的代理人使用真实的钱来对资产进行买卖，试图增加财富。

真实交易按照时间顺序有以下步骤：

1. 思路产生：在此步骤中形成策略。例如，你想在某个市场制度下将镊子模式和技术性指示相结合。此时你有了一个思路，现在你想回测它，看看它在过去的表现如何。

2. 回测：在这个阶段，你评估过去的结果，并决定是否把策略带入实战。这可能是最重要的一步，因为它涉及许多因素，如合适的回测实践和验证，以及使用风险管理技巧进行回测。

3. 交易前管理：在此步骤中你要准备交易配置，如止损和止盈订单，以及决定是否使用跟踪止损。此外，基于本章前面讨论过的持仓规模策略，你必须确定一种策略。

4. 交易管理：在此步骤中你要监控你的盈亏表和进行中的交易，以评估情况。在这一步骤中，纪律至关重要，因为你不能让情绪影响你的判断，导致你过早或过晚平仓。

此处标示着本章的结束，在本章中，你学到了关于如何更好地管理交易的各种信息。交易是一场心理游戏，你需要通过适当的训练克服你的情绪和认知障碍，以便最大限度地提高你的生存机会。

这也标志着我们关于 K 线图模式冒险的结束。我要感谢并祝贺你看完了这本书，花时间理解我的研究和策略。模式，因其强大且兼具复杂性，必须谨慎使用，并与其他技术工具适当结合。正如你在本章中看到的，一个交易系统必须包括构思、回测、风险管理和交易管理。

如果你想深入了解技术性模式识别，尤其是 K 线图模式，任何配置都要从基本原理开始。为什么和什么一样都重要。Python 是一种非常强大且多才多艺的编程语言，它将有助于你的研究。因此，我建议你掌握它，以加快你的研究速度。

作者介绍

Sofien Kaabar 是一位金融领域的作者，交易顾问，也是一位专注于货币的机构市场策略师，他主要关注技术和量化方面的课题。索菲恩致力于让技术分析客观化，为此，他使用那些与传统的指标相媲美的技术指标，来创建清晰的、可被分析的信号条件，并将这些信号条件应用到技术分析中。

Sofien 已经开发了许多成功的交易算法，正将他多年来的知识分享给所有人。

封面介绍

本书封面上的动物是一只欧亚戴胜（学名：Upupa epops）。这些鸟可以根据它们橙棕色的身体和黑白相间的翅膀和尾巴而被轻松辨认。一个带有黑白尖端的优雅冠冕覆盖在它们的头顶。当冠羽垂下时，形成一个从额头指向外的尖峰。它们又长又窄的嘴非常适合在地面上觅食昆虫、蜘蛛、小脊椎动物和无脊椎动物。

欧亚戴胜常见于非洲、欧洲和亚洲的几个地区。它们喜欢生活在半开放的地方觅食，并在树洞中筑巢，如荒地、稀树草原、草地和森林林地。它们也很适应生活在人工栽种的地方，如公园、果园和葡萄园。

有几种涉及戴胜的迷信。据英国人说，它的身体部分被用来进行黑魔法，召唤恶魔并毒害人们。在埃及，戴胜与恢复青春的能力有关。据说戴胜的歌声可以预测天气。值得注意的是，根据《古兰经》，戴胜带来了关于示巴女王的消息，因此创造了"有只小鸟告诉我的"这个短语。

目前，欧亚戴胜的种群相对稳定，但正在缓慢减少。奥莱利封面上的许多动物都濒临灭绝；它们对世界都很重要。

封面插图由 Karen Montgomery 根据 *British Birds* 中的一幅黑白雕刻绘制而成。